원불교 최정풍 교무의

# 은혜편지 3

원불교 최정풍 교무의

은혜편지 3

인쇄 2007년 7월 6일

발행 2007년 7월 13일

저자 최정풍

원불교 전곡교당 · 경기도 연천군 전곡읍 은대3리 100-3

Tel. 031-832-8306 Fax. 031-835-8305

windntrees@hanmail.net

www.wowsarang.or.kr

디자인 토음디자인

그림 김은미

제작 · 인쇄 원광사

발행 도서출판 동남풍

주소 전북 익산시 신용동 344-2

출판등록일 1991년 5월 18일 제66호

원불교 최정풍 교무의

# 은혜편지 3

# 고마운 수신인 여러분께

그동안 은혜편지를 읽어주셔서 감사합니다.
전곡에서 개척교화를 하면서 시간적 여유가 없어 방문 순교를 못하는 대신
한 장 두 장 쓰던 편지가 또 이렇게 여러 장이 되었습니다.
반갑게 받아주시고, 읽어주신 인연들께 감사드립니다.
약200편의 편지글 가운데 반 정도는
이미 '은혜편지', '은혜편지2' 라는 소책자로 나온 적이 있고
이번엔 새로 쓴 내용 95편을 새로 묶었습니다.
소소한 글이고 내보이기 부끄럽지만
지난 세월의 사진첩으로 여기고 한 군데 모았습니다.

돌이켜보면
대종사님께서 알려주신 '은혜' 라는 선물은 처음엔 그저 밋밋했습니다.
하지만 그 밋밋한 선물은 날이 갈수록 빛이 났습니다.
이 빛은 저의 삶을 이끌어주었고 저의 삶을 복되게 해주었습니다.

이 선물의 진가를 알아보는 데는
매주 잊지 않고 쓰려고 노력한 은혜편지도 한 몫을 단단히 했습니다.
아무리 바쁘고 지쳤더라도
은혜편지를 쓰는 시간은 행복했습니다.
여러분들 덕분이었습니다.
세상이 각박하게만 보일 때라도
조용히 앉아 은혜편지를 쓰기 시작하면
세상은 아름답고 은혜로웠습니다.

원불교를 잘 모르시는 분들에게 보내기 시작한 이 편지가 기연이 되어
이제는 교당을 나오시는 분들이 계시기에 저 또한 은혜편지가 고맙고
잘 읽어주신 분들이 또다시 고맙습니다.
전곡에서 개척을 시작한지 10년 가까운 세월이 흘렀습니다.
간절한 마음으로 이끌어주신 스승님들,

그리고 교화, 교육, 자선의 터전을 마련해주신
大護法 昻陀圓 朴慈恩 교도님과 故 印山 崔雲田 교도님의 은혜에
감사드립니다.
개척의 땀방울을 함께 흘려준 교무님들과 교도님들,
소리 없이 큰 힘이 되어준 가족들,
그리고 소중한 인연들의 도움으로
은혜로운 세월을 살 수 있었습니다.
글로 표현할 수 없는 고마움에 가슴이 먹먹합니다.
감사합니다.

앞으로도 법신불 사은님의 헤아릴 수 없는 은혜에 감사드리며
즐겁게 보은의 땀방울 흘리고
마음공부에 정성 다할 것을 다짐합니다.
낱낱의 편지들이 한 권의 책으로 나오기까지 수고해주신

출판사 김덕영 교무님, 교정과 편집을 해주신 정도연 교무님,
편집을 맡아준 박유성님, 그림을 그려준 김은미님의 노고에 감사드립니다.

원기 92년(서기2007년) 4월 4일
원불교 전곡교당  최정풍 교무 합장

# 이야기 순서

# 살리는 손길

바쁘게 길을 가는데

길가에서 어느 할머니 한 분이 유모차를 흔들고 있습니다.
발걸음을 늦추며 보았습니다.
아주 작은 어린아이가 그 속에서 잠을 자고 있습니다.
할머니는 오직 아이의 단잠만을 생각하시는 것 같습니다.

고등학교 시절 생각이 납니다.
삼국지를 읽어야 한다기에 재밌게 읽다가 그만두었습니다.
영웅호걸들이 수없이 등장하는데
주로 하는 일이 전쟁이더군요.
수없이 죽어가는 병졸들은 3만, 10만 따위 숫자로 표시되는데
참 부질없다는 생각이 들면서 흥미가 떨어져버렸습니다.
세상에 큰일도 많고 위대한 일도 많습니다.

영토를 넓힌 지도자를 영웅으로 칭송하고
전쟁을 승리로 이끈 사람을 위대한 사람이라고도 합니다.
하지만 가만히 생각해보면
그들이 과연 그렇게 위대한 일을 한 것인지는 의심스럽습니다.

어찌된 일인지 저는
아이 하나를 낳고 기르는 어머니의 손길
유모차를 흔들고 계신 할머니 손길이 더 위대해 보입니다.
다시 발걸음을 옮기며 다짐합니다.
저 할머니처럼 누군가를 살리는 손길로 살자고.

원기 91년 11월 22일

## 준다는 것

● 벌써 십여 년 전
　　이 곳 은대리 부지 9천여 평을 희사해주신
앙타원 박자은 교도님께서
지난 5일 대호법(大護法) 법훈(法勳)을 받으셨습니다.
원불교에서 드리는 가장 거룩한 훈장이라고 할 수 있지요.
날이면 날마다 부동산 값이 가장 큰 뉴스가 되고 있는 요즈음
어르신의 은혜가 더욱 크게 느껴집니다.

바로 그 땅 한 곳에 교당이 자리 잡아
대종사님 일원의 법음이 울려 퍼지고 있고,
또 다른 한 곳엔 노인전문요양시설 은혜마을이 건립되어
50분의 어르신들이 보살핌을 받으시고
수많은 자원봉사자가 기쁨의 땀방울을 흘리고 있습니다.
또 주말이면 학생과 어린이 회원들의 생기발랄함이 가득합니다.
앙타원님의 희사 공덕이 인연이 되어

전곡읍에선 청소년상담센터를 운영하고 있으며
또 행복한 우리집 상담소도 운영하게 되었습니다.

불모지와 다름없는 이곳에 오셔서
농장을 하시며 터를 일구신 소중한 땅을 교단에 회사하실 때
그 마음이 어떠셨을까 생각해 봅니다.
좀 더 많은 것을 가지려고 혈안이 된 세상에서
애지중지 하는 것을 누군가에게 준다는 것.
소중한 내 것을 누군가에게 준다는 것을 다시 생각해봅니다.

깊어가는 밤 은대리 은혜마을에서 다시 한 번 생각에 잠깁니다.
나는 누군가를 위해 무엇을 주고 있는 것일까?

원기 91년 11월 20일

# 아침 공양

아침 공양을 합니다.

큰 접시에 밥을 담고, 김치와 나물을 담고, 국을 떠서
제 자리에 앉아 두 손을 모으고 밥을 먹습니다.
그런 동작을 하는 나를 다시 봅니다.
두 손을 모아 감사의 기도를 하긴 했는데
별로 마음이 담겨 있지 않은 것 같습니다.
습관적으로 합장을 했을 뿐.
진솔하고 간절한 마음이 담겨 있지 않았습니다.
정말 고맙다고 느끼는 것인지
정말 소중한 음식이라고 느끼는 것인지
나를 돌아봅니다.
일상적이고 평범한 것에 대한 감사를 잃어버리고
특별한 것에만 감사함을 느끼고 있지는 않은지 반성합니다.

만약 열흘을 굶은 다음에 만난 밥이라면…
밥과 김치와 국이 내게 말하는 것 같았습니다.
"나는 당신에게 소중한 생명을 공양합니다. 나를 드십시오" 라고.

다시 한 번 내게 물어봅니다.
오늘 먹는 이 아침 밥이 특별한 것인가? 아닌가?
오늘 아침에 먹는 이 김치가 특별한 것인가? 아닌가?
……
그리고 지금
그 밥과 김치가 내가 되어 이 글을 쓰고 있습니다.

원기 91년 11월 8일

## 점심(點心)

● 두 사람이 흰 종이에 점을 찍기 시작합니다.

하나,
둘,
셋…
두 사람의 종이엔 아무런 차이도 없습니다.

두 사람이 계속해서 점을 찍습니다.
한 사람은 무심히, 한 사람은 유심히.
1만개
2만개
10만개…
뭔가 다른 것이 종이에 나타나기 시작합니다.
아무 생각 없이 점을 찍은 사람의 종이엔

그저 무심한 점들이 모여 있을 뿐이지만,
무언가 생각하며 점을 찍은 사람의 종이엔
그 '무엇'이 나타나 있을 것입니다.

더구나 둘 중에 한 사람이 위대한 화가였다면
그의 종이는 이미 위대한 작품이 되어 있을 것입니다.

한 마음, 한 마음 점찍어 삶은 그려지고,
점 하나에 마음을 담고 또 담아야 위대한 그림은 완성됩니다.
오늘도 수많은 마음 점, 어디에 어떻게 찍을까…
생각하는 아침입니다.

원기 91년 10월 30일

# 점 하나

아주 어려서
학교에서 배운 기억이 납니다.
점(點)이 모여서 선(線)이 되고,
선이 모여서 면(面)이 되고,
면이 모여서 입체가 된다고.

점 하나는 원래 수학적으론 면적이 없습니다.
면적은 없지만 존재는 있습니다.
그러니 가만히 생각해보면
없는 듯 있는 점 하나 하나가
모이고 흩어지며 이 세상을 이루고 있는 셈입니다.
그래서
점 하나 하나가 더 없이 소중합니다.
점 하나 만을 보면 별 것이 아닌 것 같지만

점 하나 하나를 소중히 하지 못하면
선이 비뚤어지고 면이 우그러져
모양이 제대로 나오질 않습니다.

인생이 입체라면 일년은 면일 수 있고,
하루가 선이라면 지금 이 순간은 한 점(一點)일 수 있습니다.
지금 이 순간을 어떻게 보내느냐에 따라
하루가 달라지고 인생이 달라집니다.
면적도 없고 위치만 있는 이 점은
보이지도 않지만 분명히 존재하는 '마음'과
너무나 닮았습니다.

원기 91년 10월 20일

# 길

전곡 농협 앞으로 차를 몰고 있었습니다.
횡단보도를 지나고 있는데
머리가 하얀 할머니 한 분이 길을 건너고 계십니다.
바로 옆이 횡단보도인데…
이런 것을 무단횡단이라고 하지요.

내가 차를 세우니
다른 차들도 내 뒤에 설 수 밖에 없습니다.
순간적으로 답답한 마음이 들었습니다.
길을 건너는 할머니의 연세가 너무 많았던 것이지요.
무단횡단인지 아닌지 가늠하지 못 할 만큼 연로해 보였습니다.
천천히, 천천히 그렇게
당신의 길을 가고 계셨습니다.
그랬습니다.

횡단보도를 그려놓고, 신호등을 달아놓았지만
그것들은 지킬만한 사람들의 것일 뿐.
할머니는 할머니의 길을 가시면 되는 것이고,
분별 있는 젊은이들은 또 그들의 길을 가면 되는 것이었습니다.

차가 오는지, 횡단보도가 옆에 있는지도 모르고
길을 건너시는 할머니가 답답해 보일 수도 있지만
어찌보면 어르신은 어르신의 길을 가고 계신 것이지요.

할머니의 길이 훨씬 크고 자연스런 길이 아닐까 하는 생각으로
잠시 웃으며 브레이크 페달을 밟고 있었습니다.

원기 91년 10월 10일

# 고통과 깨달음

● 은혜마을에는 오십 분에 가까운 어르신들이 계십니다.

처음 오실 때는 돌봐드리는 손길이 적어서 초췌하시다가
정성껏 돌봐드리면 건강을 회복하시고 모습이 훤해지십니다.
그도 그럴 것이 영양사와 조리사가 세 끼와 간식을 꼬박 챙기고,
증세에 맞춰서 음식을 따로 챙겨드리고,
케어팀 직원들은 대소변부터 양치, 세수, 목욕 등 모든 것을 챙겨드리고,
의료팀은 물리치료부터 투약, 병원진료까지 돌봐드립니다.
그 밖에도 많은 자원봉사자들이 이미용 봉사, 목욕 봉사를 해주고
군인들이나 학생, 기업체 자원봉사자들도 땀을 흘려주고 있습니다.
또 많은 후원인들도 물심양면으로 도움을 주고 있습니다.
모두들 어르신들을 사랑하는 한 가족입니다.
걷지 못하던 분이 걸으실 때 모두들 좋아라 하고
마르셨던 분이 살이 올라 보기 좋아질 때 모두들 기뻐합니다.
방문객들이 어르신들의 모습을 보고 훤하시다고 칭찬하면

은혜마을 가족들은 모두 어깨가 으쓱하곤 합니다.

하지만

결국 세월의 힘을 이길 수는 없어서 다시 여위시고,

머리카락은 더 희어지고,

건강을 잃어가는 모습을 보지 않을 수는 없습니다.

깔끔하시던 모습을 잃어가는 과정을 볼 수 밖에 없고

정신이 흐려지는 모습을 피할 수가 없습니다.

피할 수 없는 큰 고통입니다.

이 고통들과 함께하는 은혜마을 가족들이 자랑스럽습니다.

하지만 그것 만이 아니라 이 비켜갈 수 없는 고통을 통해

소중한 깨달음을 얻지 않으면 안되겠다는 생각이 깊어지는 요즘입니다.

원기 91년 9월 23일

# 비단잉어

교무 정기 훈련을 왔습니다.
아침 식사를 하러 나왔다가
식당 옆 연못에 갔습니다.
크고 작은 비단잉어들이 헤엄치는 곳입니다.

내 발 소리에 놀랄까봐 조심, 조심 다가가는데
아니, 전혀 그럴 필요가 없었습니다.
비단잉어들이 나에게 모여드는 것이었습니다.

손을 뻗으니 마치 기르는 강아지들처럼 모여듭니다.
입을 뻐끔거리면서.
비단 잉어들을 보면서 생각했습니다.

앞서간 사람들을.

이 곳 교무님들과 훈련을 다녀가신 교무님들이겠지요.

그 분들이 비단잉어들에게 어떻게 해주었을지

짐작이 갔습니다.

반갑게 꼬리치는 비단 잉어들을 뒤로하고

식당으로 발길을 돌렸습니다.

근심 걱정 없는 비단잉어들이 가슴 속에서 헤엄치는 듯 합니다.

원기 91년 9월 16일

# 감사 그릇

● 마음이 생생하게 살아 있을 때
세상도 생생하게 다가옵니다.
작은 일에도 가슴 저리게 감사하고 감동합니다.
서 있는 나무도 흐르는 구름도 고맙기만 합니다.
감사와 행복으로 내 삶이 충만합니다.

그런데 마음은 한결 같지 않아서
감사한 마음이 종종 다른 마음으로 변하기도 합니다.
감사할 일에도 무덤덤해 하기도 하고
별 것도 아닌 일에 섭섭해 하고 원망하는 마음을 보게 됩니다.

더욱 당황스러운 것은 같은 일에 대해
어느 때는 감사하고 어느 때는 원망하는 자신을 발견할 때입니다.
가만히 내 마음을 봅니다.

마음 그릇이 요란하니 작은 평온함도 엎질러 버리고
마음 그릇이 좁으니 소박한 감사심도 담지 못합니다.
우리의 신앙이 곧 감사생활이지만
감사함을 억지로 담을 수는 없습니다.

마음 그릇을 맑게 비우고 또 비우고,
마음 그릇을 키우고 또 키울 뿐입니다.
그 다음엔
법신불 사은님께서 채워주실 것입니다.
알아서, 소리도 없이.
지금 천지에 가득 가을 기운을 채우시는 것처럼…

원기 91년 9월 2일

# 종소리

아침마다 법당의 종을 칩니다.
범종이 아니라 좌종이어서
바닥에 놓여서 위로 울리게 되어있는 종입니다.
어둠 속에서 가만히 종을 칩니다.
한 번, 두 번, 세 번
… 서른 세 번.
종의 울림이 새벽 어둠 속으로, 세상 속으로 퍼져나갑니다.

그런데 묘하게도 계절에 따라 종소리가 미세하게 다릅니다.
더운 여름 습기가 많은 날에는 종소리도 좀 가라앉습니다.
맑은 날에는 종소리도 좀 더 맑게 울립니다.
요즘 종소리가 좀 더 맑아지고 있습니다.
맑아진 하늘과 선선해진 아침 저녁 날씨가
종소리에 담기는 듯 합니다.

종을 치고 좌선을 합니다.
이제 내 마음을 맑히는 시간입니다.
오락가락 하는 생각들을 내쉬는 숨에 실어 보내고
맑은 숨 찬찬히 들이쉽니다.

한 번, 두 번 숨을 쉽니다.
가을을 닮아 더 맑아진 소리를 내는 종처럼
나도 좀 더 맑아지기를 서원하고
그렇게 살아갈 수 있기를 서원합니다.

하루하루 맑은 날들 되시기를 기원합니다.

원기 91년 8월 26일

# 정말 하고 싶은가?

교단의 명절인 법인절(法認節) 아침입니다.

목숨도 내놓겠다는 각오로 대종사님 모시고 9인 제자가
기도를 하고 그 인증을 받은 날이 87년 전 오늘입니다.
아침 기도를 마치고 은혜마을 앞마당을 거닐며 이런 생각을 합니다.
얼마나 간절했기에 목숨을 걸었을까?
얼마나 이루고 싶은 마음이 간절했기에…

나를 보고 주위를 봅니다.
하고 싶은 것이 많고, 이루고 싶은 것도 많습니다.
가만히 생각해보면 그것들이 너무 많은 것 아닌가 싶습니다.
이것도 하고 싶고, 저것도 이루고 싶고…
정말 내가 원하고 반드시 이루고 싶은 것이라면
그것이 너무 많으면 곤란하지 않을까 생각해봅니다.

소중한 목숨을 가지고 태어나 한 세상을 살아가면서
정말 하고 싶은 것,
반드시 이루고 싶은 것을 이룰 수 있다면 후회가 없을 것 같습니다.
별로 하고 싶지 않은 것에 시간을 보내고
꼭 하지 않아도 될 일에 인생을 허비한다면
나중에 후회하지 않을 수 없을 것 같습니다.

내 인생을 걸고 하고 싶은 것,
반드시 이루고 싶은 것이 무엇이냐고
도대체 그 하나가 무엇이냐고
내게 다그쳐 묻는 법인절 아침입니다.

원기 91년 8월 21일

# 주름은 늘고

● 무슨 남자들이 거울을 보고 화장품을 바르나
하는 생각을 했습니다.

그런데 요즘은 면도를 하다가 유심히 거울을 보게 됩니다.
'아! 이렇게 늙는구나' 하는 느낌으로 자꾸 거울을 들여다봅니다.
주름은 하나 둘 늘어나고
피부도 늘어지고 머리카락은 점점 하얗게 변하고 있습니다.
모든 사람들이 생 · 노 · 병 · 사를 벗어날 수 없는 것을
이미 잘 알고 있건만
노인은 노인이고, 젊은이는 계속 젊은이로 착각을 하고 삽니다.
어린이는 어른이 되고,
어른은 또 늙은이가 되고,
늙으면 다시 세상을 떠나가는 것을…
잘 알면서도 주름 하나에 마음이 요란해 지는 것은
마음이 젊음에 묶여있기 때문이겠지요.

늙어가거나 몸에 병이 들어도
마음이 자유로울 수 있는지 나를 돌아봅니다.
또 언젠가 맞이할 죽음 앞에서도 자유로울 수 있을지 돌아보며
생 · 노 · 병 · 사에 해탈을 얻으라는 스승님 말씀을 다시 새겨봅니다.

이래도 마음 편하게,
저래도 마음 편하게 살 수 있는지 돌아봅니다.

주름은 늘고 머리카락은 희어져도
마음은 여여하고, 생생약동 할 수 있다면 좋겠습니다.
가만히 돌아보니 아직 마음은 청춘인 것 같습니다.
아직 그럴 수 있음에 감사합니다.

원기 91년 8월 11일

# 다시 보다

차를 운전하며 은대리 논길로 접어들었습니다.

오른쪽으로 돌아 다시 왼쪽으로 운전대를 돌리다가
멈칫, 차를 세우고 말았습니다.
하루에도 몇 번씩 보던 벼들이 갑자기 확~ 하고 다가왔습니다.
푸른색이 지천으로 널린 들판을 늘 지나쳤는데…
늘 보던 초록인데 이 초록은 어제의 초록이 아니었습니다.
아름답다는 낱말도 떠오르지 않고 가슴에 초록이
가득 차올랐습니다.
아마 시인이나 되어야 표현의 엄두를 낼 수 있으려나…
벼들이 익어 내 입에 쌀을 넣어주어야만 고마운 것이 아니라
이름 할 수 없는 아름다운 초록색만으로도 충분히 은혜롭습니다.
이런 아름다운 푸르름을 볼 수 있다는 것만으로도 감사합니다.

십 년도 훨씬 전에 대종사님 태어나신 영산성지를 가다가
비슷한 경험을 한 적이 있었습니다.

늦은 가을이 더 깊어가는 계절이었는데
그 때 본 가을의 색을 잊을 수가 없고,
그 전까지는 숱한 가을을 그냥 지나쳤던것 같다는
후회까지 하고 말았습니다.
살다보면 도저히 잊을 수 없게 새로움을 느끼는 수가 있습니다.
눈은 같은 눈이로되 새롭게 보는 순간입니다.
이 같은 경험은 내 눈도 변하게 하는 듯 합니다.

가을의 갈색이나 은대리의 푸르름만이 아니라
내가 보고 만나는 모든 것은
어쩌면 새 눈으로 새롭게 보아주기를 바라는지도 모릅니다.
오늘도 마음 밝히며 세상을 다시 보려고 합니다.

원기 91년 7월 31일

# 자라는 아이들

● 중국 산동성 연태(烟台)로 교당 학생회원들과
여름훈련을 다녀왔습니다.

큰 배를 타고 낯선 곳에 가서 낯선 사람과 낯선 음식과
낯선 잠자리에서 엿새를 지냈습니다.
학생들 25명에 저까지 지도자가 4명이었고
중국에 계신 교무님이 현지에서 도와주셨으니 5명이었던 셈입니다.
연태 한국어학과 대학생들도 여러 명이 함께 해주었습니다.
전체적으로 고급스럽게 느껴진 일정이었지만
아이들은 나름대로 꽤나 힘이 들었을 것입니다.
저는 아이들의 안전을 위해서 동행을 했습니다.
혹시 길을 잃는 아이들은 없는지, 아무거나 사 먹지는 않는지
특히 무질서한 도로를 건널 때 다치지는 않는지
신경을 곤두세웠습니다.

건강을 생각해서 끼니를 거르지 않는 것을 공동 유무념으로 정해서
모든 아이들이 한 번도 거르지 않고 식사를 하게 하고,
물도 주로 차를 마시게 해서 모두 건강하게 돌아 올 수 있었습니다.
아이들을 해외에 보내놓고 마음 조릴 부모님들을 생각하며
엿새의 시간을 보냈습니다.
교무님들과 선생님들의 말씀을 잘 따라준 우리 아이들이 정말
고맙고 대견스럽습니다.
이 아이들 가운데는 9년 전 저와 함께 축구를 했던
초등학생들도 있습니다.
그 작던 꼬맹이들의 몸집이나 키가 저를 추월한 지가 오랩니다.
아직도 모이기만 하면 정신없이 떠들고 산만하고 잘 삐치곤 하지만
우리 아이들, 참 많이 컸습니다.
현지 안내를 맡은 조선족 안내원도 그러더군요,
"다른 학생들을 안내해보면 쓰레기가 가득하고 정신이 없는데
이 학생들은 그렇지 않네요, 학생들이 수양이 무척 잘 된 것
같습니다" 라구요.
그 분의 칭찬이 아니라도 여행 내내 느낄 수 있었습니다.
아, 아이들이 자라고 있구나 …

원기 91년 7월 24일

## 걱정 하나

살아가는 것은 어쩌면 걱정의 연속인지도 모릅니다.
묶여 있는 강아지의 낑낑대는 소리도 걱정스럽고
너무나 빨리 자라나는 풀들도 걱정스럽습니다.
은혜마을의 편찮으신 어르신들도 걱정스럽고
힘들어 보이는 은혜마을 가족들의 표정도 걱정입니다.
우리가 모시는 어르신들이 행복하신지도 늘 의문입니다.
쓰레기는 제대로 분리수거 되는지도 걱정스럽고
음식물의 낭비는 없는지도 걱정입니다.
학교에서 식중독 사고가 자주 일어난다니 그것도 걱정입니다.
여름 훈련을 가는 어린이, 학생회원들의 건강도 걱정이고
여러 가지를 뒷바라지해야 하는 교당의 빠듯한 경제도 걱정입니다.
일에 매여 제대로 공부시간을 내지 못하는 교도님들도 걱정스럽고
몸이 완쾌되지 않는 교도님들의 병세도 걱정입니다.
함께 일하는 후배 교무님들의 건강도 염려스럽습니다.
은대리를 휘돌아가는 맑지 않은 한탄강도 걱정이고
뉴스를 보면 경제도 걱정, 정치도 걱정입니다.

전쟁이 일어나지 않는 것만도 다행인 것 같고
자연적인 재앙도 끊이질 않습니다.
도대체 60억이 넘는 인구가 이 지구에서
계속 살 수 있는지도 걱정입니다.
거울을 보면 늘어나는 얼굴의 주름살과 흰머리도 걱정입니다.

걱정에 걱정이 이어지는 것이 인생인지도 모르지만
오늘도 저는 수많은 걱정을 하는 나에게 당부합니다.
이 모든 걱정들을 걱정이지 않게 만드는 하나의 걱정을 하자고.
내 마음에 올곧은 서원만 있다면 이 모든 걱정들은
걱정거리가 아니라 땀 흘려 보은해야 할 복덩어리라고.
걱정이 많아서 삶이 보람될 수 있다면
그건 더 이상 걱정이 아닐 것입니다.

원기 91년 7월 5일

# 기쁜 일

마음이 기쁩니다.
왜 마음이 기쁠까 들여다봅니다.

먼저 생각나는 것은,
기쁜 마음을 만나는 기쁨입니다.
기뻐하는 인연들과 함께하는 것만큼 기쁜 일도 드문 것 같습니다.
기쁨도 전염이 되는가 봅니다.
그리고 살아나는 마음을 만나는 기쁨입니다.
축 처진 마음, 죽은 마음이 아니라
생생하게 살아나는 사람들을 보고 있으면 나도 기쁩니다.

또 푸는 마음입니다.
관계가 서먹하고 다툰 인연들이 서로 화해하고 마음을 푸는 것.
얼음 녹듯 풀리는 모습을 보는 것은 큰 기쁨입니다.

감사하는 모습을 보는 것도 소중한 기쁨입니다.
원망하는 모습을 대하면 마음이 괴로운데
감사하는 모습은 보기만 해도 내 마음이 훈훈해지고 행복해집니다.
노력하는 모습도 기쁩니다.

간절하고 정성스러운 노력은 기쁨을 넘어 진한 감동으로 다가옵니다.
여기서 한 걸음 더 나아가 자라는 모습을 보는 것도 큰 기쁨입니다.
아이가 자라는 것도 기쁨인데
하물며 인격이 성숙하는 것을 보는 것은 말로 하기 힘든 기쁨입니다.

또 보이지 않는 내 마음이 맑아지고 넓어지는 것 또한
커다란 기쁨입니다.
완숙한 인격을 갖추신 스승님을 뵙는 것도 큰 기쁨입니다.
뜻을 함께 하는 동지들과 보은을 함께 하는 것도 큰 기쁨입니다.
우리 주변엔 보이지 않는 기쁨이 참으로 많습니다.
이 또한 기쁜 일입니다.

원기 91년 6월 19일

# 행복의 어머니

지난 법회 시간에는 빙 둘러 앉아 회화를 했습니다.
주제는 감사하다고 느끼고 생각하는 것.
명상음악을 듣고 나서 한 마디씩 마음을 나누었습니다.
숨을 마음 껏 쉴 수 있어서 감사하다고
서울 생활에 지쳤다가 공기 좋은 곳에 와서 텃밭을 가꾸니
감사하다고,
부모님, 남편, 아내, 가족이 있어주어서 감사하다고,
큰 병을 앓고 나서 다른 사람들의 세정을 알 수 있게 되어서
감사하다고,
건강한 몸으로 좋은 분위기에서 일할 수 있어서 감사하다고,
마음대로 먹을 수 있고
마음대로 배설할 수 있는 것만으로도 감사하다고,
원불교를 만난 것이 감사하다고,
아기가 건강하게 자라주어서 감사하다고,

사람으로 태어나 부처님 법 듣기 어려운데 들을 수 있어서
감사하다고,
좋은 물건을 만들어주는 사람들이 감사하다고,
늘 새벽에 기도를 해주시던 할머니 은혜에 감사하다고,
마음의 원리를 알고 생활할 수 있어서 대종사님께 감사하다고
큰 병에서 회복한 남편이 고맙고,
간병을 해준 아내가 감사하다고
선선한 바람 한줄기가 감사하다고,
어두운 밤을 밝혀주는 전깃불이 감사하다고…

한 말씀씩 하다보니 한 시간이 훌쩍 지나가 버렸습니다.
신기했습니다.
아주 쉽고 간단한 이야기였지만 감사의 느낌을 서로 나누다 보니
모든 근심 걱정이 사라지고
이렇게 함께 있다는 것만으로 행복했습니다.
감사하니 행복했습니다.
우리는 늘 행복할 수 있습니다. 감사하고 또 감사하면 됩니다.
행복의 어머니가 감사생활이란 것,
이것이 우리들의 신앙입니다.

원기 91년 6월 9일

# 꿈★은 이루어진다

월드컵 축구의 열기가 뜨겁습니다.

축구공 하나가 세계인들의 마음을 뜨겁게
하나로 묶어내고 있습니다.
저는 월드컵을 보면서 늘 '꿈은 이루어진다'는 말을 생각합니다.
정말 꿈은 이루어지는 것일까?
진정으로 원하면 꿈이 현실로 바뀌는 것일까?
……
생각하고 생각해도 많은 여운이 남습니다.

그래요, 꿈★은 이루어집니다.
하지만 분명한 것은 그냥 이뤄지지는 않는다는 사실입니다.
간절히 원해야 하고, 끊임없이 염원해야 합니다.
땀을 흘려야 하고 때로는 눈물을 흘려야 합니다.

꿈은 달콤할 수 있어도
꿈을 현실화하는 일은 고통인 경우가 많습니다.
그래서 꿈은 고통이기도 합니다.
끊임없이 노력해야 하고 자꾸만 넘어져도
다시 일어나야 하기 때문입니다.

힘들어하는 나에게 가만히 질문을 합니다.
그럼, 꿈을 꾸지 않으면 되지 않느냐고.
……
저는 질문하는 나에게 대답합니다.
꿈을 꾸지 않는 것이 더 큰 고통이기 때문에 꿈을 꾼다고.
진정한 꿈은 결국 모든 고통을 넘어선다고.
꿈이 진하면 고통들은 더 이상 고통이 아니라 기쁨일 수 있다고.
여러분들의 대답도 듣고 싶습니다.

원기 91년 5월 29일

# 연등을 밝히는 법

● 연꽃은 진흙 속에서도 그 꽃을 더럽히지 않고
향기로운 꽃을 피웁니다.
경계 많은 파란고해에서 마음공부하는 수도인을 상징하는 꽃입니다.
게다가 석가모니 부처님께서 열반에 드시기 전에 하신 법문이
법등명(法燈明) 자등명(自燈明)이라,
진리의 등불을 밝히고, 자신의 마음을 밝히라는 가르침이셨습니다.
부처님 오신 날 연꽃 모양의 등을 밝히는 이유가 될 만 합니다.

올 해도 시골이나 도시나 길마다 연등이 걸리고
사찰마다 연등이 꽃피었습니다.
연등 하나 하나마다 갖가지 소원이 함께 걸렸습니다.
가족의 건강과 행복부터 이루고자 하는 많은 소원들…
우리 교당에도 많은 연등이 걸리고 있습니다.

이 연등마다 함께하는 교도님들의 소원이 이뤄지길 염원합니다.
그리고 이 연등의 밝음이 꺼지지 않기를 기원합니다.
눈에 보이는 연등이야 비바람에 꺼지지만 마음 속 연등은
역경, 난경 등 온갖 경계 속에서 흐려지고 꺼집니다.
그런 날들이 없을 수 없기에 연등을 바라보는 마음이
무거울 때가 있습니다.
하지만 진정한 신앙과 수행을 하는 우리들은
끝없는 믿음과 간절한 기도로,
맑히고 밝히는 정성스런 마음공부로
꺼지려는 등불은 다시 밝히고,
꺼진 연등도 다시 밝힐 수 있어야 합니다.
꺼지면 다시 밝히고, 다시 밝히고…하면 됩니다.
신앙인의 의무이고 아무나 가질 수 없는 기쁨입니다.

원기 91년 5월 2일

# 은대리 나무들

잣나무 수 십 그루

작은 무궁화 묘목 200그루, 벚나무 묘목 100그루,
손가락만한 적송 묘목 200그루, 헛개나무, 가시오가피를
심었습니다.
교도님들과 은혜마을 가족들 그리고 몇몇 분들이
한 그루, 두 그루 희사를 해주셨습니다.
아마도 다음 주에는 소나무 몇 그루도 심을 수 있을 것 같습니다.

심을 때는 잘 몰랐는데
마음이 큰 부자가 된 것 같습니다.

비록 가는 묘목들이지만 무궁화와 벚나무가 늘어선 길을
들어서면 뿌듯한 마음이 가득합니다.
더구나 가느다란 벚나무는 생각지도 못했는데
작은 꽃망울을 터뜨리고 있습니다.
안간힘을 쓰는 것 같아 보고 또 보고 합니다.
손가락만한 적송 묘목을 심으면서는
정말 양송현정(養松顯亭)이라는 말이 실감나서 웃었습니다.

솔을 키워서 정자를 본다는 말인데,
솔이 작아도 너무 작았습니다.
그런데 오히려 마음은 더 즐거웠습니다.
오랜 세월이 지나 심은 사람은 없어도
이 나무들이 아름드리 나무가 되고
봄바람에 벚꽃잎이 날릴 것을 상상하니
마음은 세월을 뛰어넘고 기쁨은 실없이 가득했습니다.

더구나 한 그루, 한 그루 심어주신 분들을 생각하면
기쁨은 두 배로 넘칩니다.

원기 91년 4월 22일

# 고통의 원인

● 길을 가다가 돌부리에 걸려 넘어져 무릎이 깨졌습니다.
튀어나온 돌부리 탓이라고 할 수도 있고
자신의 부주의 탓으로 돌릴 수도 있습니다.

날씨가 추워서 감기에 걸려 고생을 합니다.
갑자기 추워진 날씨 때문이라고 할 수도 있고
옷을 가볍게 입은 자신의 잘못이라고 할 수도 있습니다.

일을 열심히 하다가 잘 안돼서 마음고생을 합니다.
도와주지 않는 사람들 때문일 수도 있고
너무 열심히 진행한 내 잘못일 수도 있습니다.
괴로움에도 원인이 있고 즐거움에도 원인이 있습니다.

그런데 그 원인을 잘 알아내기가 쉽지 않습니다.
마음의 눈이 밝아야 하기 때문입니다.
세상을 모두 사슴가죽으로 덮을 수는 없지만
사슴가죽으로 만든 신발을 신고 세상을 걸을 수는 있다는
부처님 말씀도 생각납니다.
세상을 살면서 고통이 없을 수는 없습니다.
하지만 그 원인을 잘 살핀다면 많은 고통을 면할 수 있습니다.
번뇌 즉 보리, 색즉시공이라고 하기 전에
찬찬히 고통이 머무는 내 마음을 들여다 볼 필요가 있습니다.
원인을 아는 것, 자유와 해탈의 첫걸음입니다.

원기 91년 4월 11일

# 주고 싶은 두 가지

교당에 여러 청소년들이 찾아옵니다.
초등학교도 들어가지 않은 아이들과
초등학생들 그리고 중학교, 고등학교, 대학생들까지.
이들이 모든 가정의 보물이고, 소망이고, 미래인 것은
이 아이들이 알든 모르든 틀림없는 사실입니다.

후배교무님들이 정성을 다해
법회를 보고, 자원봉사를 하고, 다양한 체험활동을 하며
마음공부를 가르치며, 좋은 습관을 들이기 위해 노력합니다.
저에게 하나 있는 중학교 1학년짜리 아들에게도
주말이면 반드시 교당에 와서 학생법회를 보게 합니다.
우리 교무님들에 대한 믿음이 있고
우리 교무님들이 진행하는 프로그램에 대한 믿음이 있기 때문입니다.

죽도록 공부를 다그치는 현실에서
청소년들을 보면서 많은 생각을 하게 됩니다.
정말 내가 이들에게 주고 싶은 것은 무엇인가?
끝없이 생각하게 됩니다.
이 아이들 책상 위에 붙여주고 싶은 문구가 있다면…
많은 생각 끝에 이런 표현을 건졌습니다.
'나는 누구인가? 나는 세상을 위해 무엇을 할 것인가?'
어떤 답을 주는 것도 중요하지만
이런 물음을 갖고 살아갔으면 좋겠습니다.
이 물음에 답할 수 있는 사람이 훌륭한 사람이라고 생각하기
때문입니다.
아이들에게 이 문구를 하나씩 주고 싶습니다.

원기 91년 4월 5일

# 안타까움

강아지 집 근처를 청소했습니다.
갈퀴로 마당을 긁다가 깜짝 놀랐습니다.
벌써 파란 움들이 마른 풀 밑에서 자라고 있었습니다.
그래요, 봄이 왔습니다.
만물이 생명을 노래하는 봄입니다.

그런데 며칠 전부터 마음이 몹시 답답하고 안타까웠습니다.
이라크 전쟁 3주년 소식 때문이었습니다.
지난 3년간 미군들은 하루에 2명꼴로 죽어갔고,
이라크 저항세력은 하루에 50명 정도가 죽어갔으며,
게다가 민간인들은 3만에서 10만 명 정도가 죽어갔답니다.

그런데도 미국 대통령은 전쟁을 계속하겠다고 합니다.
네 탓보다는 내 탓을, 원망보다는 감사를 하며 살아야겠지만 가슴 속에서 차오르는 분노를 삭이기 쉽지 않았습니다.
인류 역사에서 되풀이되는 전쟁도 안타깝고
별 힘없이 강 건너 불 보듯이 지내는 내 모습도
답답하고 안타깝습니다.

하늘과 땅 사이엔 봄기운이 가득하고
교당에 온 아이들의 웃음소리는 봄꽃처럼 아름다운데
먼 나라 안타까운 소식은 쉽게 잊혀지지 않습니다.

이제 그만 상극의 칼바람은 잠자고
만물을 살리는 상생의 봄바람이 불어왔으면 좋겠습니다.
모든 이의 마음속에까지.

원기 91년 3월 25일

# 손톱깎이

언제 자라는지 모르게 자라는 머리카락처럼
손톱도 그렇게 소리 없이 자라서는
보이지 않는 시간을 보여주곤 합니다.

며칠 전 손톱을 깎았습니다.
손톱깎이는 군데군데 녹이 슬었지만 아직도 잘 들어서
오래전부터 사용한 것이었습니다.
오래된 손톱깎이 손잡이를 누르며 딱! 딱! 손톱을 깎다가
한 생각이 스쳤습니다.

이 물건의 나이가 얼마나 될까? 하는 생각이었습니다.
시간을 거슬러 올라가보니
돌아가신 어머니도 사용하셨고,
그전에 돌아가신 아버지도 사용하셨던 오래된 물건이었습니다.

자그마한 물건이 주인을 몇 번이나 바꾼 셈이지요.
아직도 손톱을 잘 깎을 만큼 날이 녹슬지 않았으니
나보다 오래 이 세상에 남아있을 수도 있겠다는 생각도 해보았습니다.

이 손톱깎이를 사용하던 부모님들이
지금은 이 물건을 사용하지 않는 것처럼
나도 언젠가는 이 손톱깎이를 사용할 수 없을 것입니다.

오래된 손톱깎이가 세월의 무상함을 새롭게 가르쳐줍니다.

이 몸을 가지고 영원히 살 것처럼 착각하지 말라고
손톱 몇 번 깎다가 가는 인생 잘 살라고.

원기 91년 3월 14일

# 뭐로 보는지

● 오랜만에 가스 승합차를 운전하다가 충전소에 갔습니다.
나이 지긋한 직원이 아무 인사도 없이
반가운 기색도 없이 할 일만 하고 영수증을 건네줍니다.
마음속으로 '아, 요새도 이렇게 손님을 맞는 데가 있나?' 했습니다.
아마 경쟁 없이 장사를 해서 그런 것 같다는 생각을 했습니다.

요즘 어떤 상품 매장을 가든지 참 친절합니다.
주차장부터 90도로 허리 숙여 인사를 하는 데가 흔합니다.
이런 인사를 받을 때마다 기분이 나쁘지 않습니다.
하지만 개운치 않은 면도 있습니다.
'정말 반가울까?' 하는 생각 때문입니다.

저는 가끔 의문스럽습니다. 사람들이 서로를 뭐로 보는지…
대부분의 매장에선 '소비자'로 보는 것 같습니다.

돈으로 무언가를 사주기 때문에 친절한 경우가 대부분입니다.
그래서 매장 밖의 세상은 별로 친절하지 않은지도 모릅니다.

자신을 돌아봅니다.
나는 주위의 인연들을 무엇으로 보는지…
나를 단순히 소비자로 볼 때 마음이 개운치 않듯이
나도 다른 이들을 온전히 보지 못하고 있는 것은 아닌지…

내 이익과 내 방식으로 상대를 보는 것이 아니라
온전하게 바라보는 것이 무엇인지 다시 생각해보게 됩니다.
겉으로 드러나는 친절도 물론 중요하지만
서로가 서로를 무엇으로 보고 있는지가 더 중요한 것 같습니다.

원기 91년 2월 25일

## 복실이

교당에서 기르는 개 복실이가 새끼를 낳았습니다.
8마리나 낳았습니다.
엄동설한에도 눈밭에서 그냥 자는 복실이었는데
새끼들 때문에 집에 들어가 꼼짝을 하지 않았습니다.
정말 밥 먹을 때를 빼고는 꼼짝을 하지 않더군요.
토실토실한 새끼들이 집 밖으로 나와 돌아다닐 즈음
깜짝 놀랐습니다.
복실이가 너무나 바싹 마른 모습이었습니다.
몸집이 좋아 보기 좋던 모습은 온데간데 없었습니다.
더구나 피부병으로 털이 빠져서 보기 흉했습니다.

전곡 읍내의 동물병원으로 가는 길.
몰골이 사나와진 복실이 때문에 민망했습니다.
은대리에서 전곡까지 한참을 걸었습니다.

복실이에게 미안했습니다.
걷고 또 걷는데
그런데… 자꾸 마음이 가는 곳이 있었습니다.

복실이와 걷고 있는데
돌아가신 어머니 생각이 나는 것이었습니다.
자식새끼들 키우느라 고생이 많으셨던 어머니 생각이…

아픈 주사를 맞히고 약을 타서 돌아오는 길에
자식들 때문에 말라가고 털 빠지는
세상의 부모님들을 생각하지 않을 수 없었습니다.

원기 91년 2월 16일

# 믿을 만한 사과

명절에 사과 선물을 받았습니다.
특별한 사과라는 설명을 듣고도 시큰둥했습니다.
그러다 며칠이 지나서 그 사과를 먹었습니다.
정말 맛있더군요.
더구나 인삼즙을 몇 번씩이나 뿌려서 키운 사과이고
농약을 하지 않아서 껍질째 그냥 먹어도 된다는 것이었습니다.
오래간만에 껍질째 사과를 먹었습니다.
사과가 단단하고 달고 맛있었습니다.
행복했습니다.

사과를 먹을 때마다 농약 걱정을 하면서 과도로 껍질을 벗겼는데
그 때마다 사실 마음이 편치 않았습니다.
'세상에 믿고 먹을 만 한 게 별로 없다' 는 말도 종종했지요.

그나마 사과 껍질을 벗겨 먹는 정도는 약과지요.
주변에 별별 불량식품과 믿지 못할 식품이 너무나 많습니다.
그 사과의 설명서를 읽으면서,
그리고 아삭아삭 껍질째 사과를 씹으면서 생각했습니다.
사과 한 알에도 믿음이 있구나.
사과 한 알의 믿음 뒤에는 또 어떤 농부가 있겠지요.
그리고 그 농부의 마음도 있고…

거창한 믿음이 아니라 사과 한 알을 마음 놓고 맛있게 먹을 만큼의
작고 소박한 믿음을 생각했습니다.
나는 그런 사과 같은 사람인가 … 하고.

원기 91년 2월 5일

# 감사장

● 아버님, 어머님께.

저 혼자 저절로 큰 줄 알았습니다.
아플 때마다 뜬 눈으로 밤새우고
행여 부족한 게 있을까, 더 해줄 것은 없을까 졸이는 마음
지금까지 알지 못했습니다.
이제야 아이를 낳고 그 아이를 통해 부모님의 사랑을 알아갑니다.

저희를 위해 온 힘과 정성을 바쳐
약한 모습을 보이지 않기 위해
언제나 강인한 모습으로 바람막이가 되어 주신 아버님, 어머님!
그 동안 베풀어 주신 사랑에 깊이 감사하며
언제나 저희를 위해 기도해 주시는 부모님을 존경하고 사랑하기에
이 감사장을 드립니다.

혜림이 첫 돌 잔치에 며느리 김은덕 드림.

며느리가 시부모님께 드린 감사장 내용입니다.

사위도 장인 장모님께 드렸다고 합니다.

요즘 젊은 부부다운 발상이라 웃음이 나오면서도

내용은 코끝이 찡하고 가슴이 뭉클합니다.

철든 젊은이들이라는 생각이 듭니다.

하기로 하면

세상의 자식들은 하루에도 몇 번씩 감사장을 드려야겠지요.

가만히 생각해봅니다.

부모님 은혜에 감사하려면 어떻게 살아야 할까…

우선 내가 잘 살아야겠습니다. 할 도리를 하면서.

내가 행복하게, 훌륭하게 사는 것이

부모님에 대한 보은인 것 같습니다.

불행하게 사는 것보다 더한 불효는 없는 것 같습니다.

별 탈 없이 방긋거리며 무럭무럭 자라나는 아이들처럼 살아야겠습니다.

원기 91년 1월 17일

# 모두 다 살려내자

'평화를 위하여 일하는 사람은 행복하다.
그들은 하느님의 아들이 될 것이다.
옳은 일을 하다가 박해를 받는 사람은 행복하다.
하늘나라가 그들의 것이다'
아마존의 삼림과 농민들을 위해 평생을 일하다
작년 2월 12일 살인청부업자들에게 길에서 총격을 당해 죽은
73세 도로시 스탱 수녀님이 죽기 직전에 읽은 성경 구절입니다.

38일, 45일, 100일 그리고 또 100일…
천성산을 지키는 내원사 산감 직책의 지율스님은
물 한 모금도 넘기지 못하고 100일 넘는 단식으로 죽어가고
있습니다. 터널을 반대하는 것이 아니라
터널이 환경에 미치는 영향을 제대로 평가해달라는 요구를 하며.

'사람은 물론 물도 살리고, 땅도 살리고, 공기도 살리고,
금수초목도 살리고, 미물곤충, 미생물까지도 모두
살려내야 합니다 …'
라고 좌산 종법사님께서 신년법문을 주셨습니다.

병술년을 밝히는 신년법문을 마음에 새기며
자신의 목숨을 희생하는 수녀님과 스님이 마음에 걸렸습니다.
불공으로 모두 다 살려내려면
나는 도대체 무엇을 얼마나 희생해야 할까 …
곰곰이 생각하지 않을 수 없었습니다.

원기 91년 1월 5일

# 첫눈 오시던 날

얼마 전 첫눈이 내렸습니다.
작년에도 첫눈은 내렸고
재 작년에도 첫눈은 내렸습니다.
그리고 그 전에도…
그런데도 늘 첫눈은 마음에 어떤 울림을 가져옵니다.

소리 없이 첫눈이 오시던 날
저는 은혜마을 상담실에 있었습니다.
첫 눈을 보고 있는데
갑자기 창문이 마음에 걸렸습니다.
오랫동안 닦지 않아 얼룩들이 너무 많았습니다.
때가 낀 창문으로 첫눈을 보고 있자니
내 자신이 부끄러웠습니다.

닦아야지 닦아야지 하면서 청소를 미루던 창문이
나를 부끄럽게 했습니다.
청소할 시간은 아니었지만
걸레를 들고 혼자서 창틀에 매달려 창유리를 닦았습니다.
곧 창문은 맑아졌습니다.

다시 안으로 들어와 하늘에서 오시는 첫눈을 보았습니다.
창문은 맑고
첫눈은 늘 그랬듯이 희고 아름다웠습니다.
창문 몇 장을 닦았을 뿐인데
아주 대단한 일을 한 것처럼 마음이 참 뿌듯했습니다.

원기 90년 12월 15일

# 레미콘공장 김치

은혜마을 어르신들 잡수실 김장 김치를 담그려고 준비 중이었는데
작년처럼 또 김장 400포기를 해주시겠다는 전화가 왔습니다.
인연이 있는 레미콘 공장 사장님의 전화였습니다.
모자라는 손길을 도우려 몇 명의 은혜마을 직원들이 함께했습니다.
시골 길을 한참 지나 도착한 곳은 레미콘 공장이었습니다.
돌산의 돌을 잘게 부수어서 콘크리트 재료를 만드는 곳이었습니다.
그곳 직원들이 일주일째 땀을 흘리고 있었습니다.
벌써 절인 배추를 양념으로 버무리고 있었고
분주한 손놀림으로 하얀 배추들은 빨간 김치로 변해갔습니다.

그곳 사장님의 말씀을 들어보니
이미 17년 동안 해온 일이라고 합니다.
한 두 해가 아니라 17년간이라니…
김장 수천 포기라는 양도 그렇고,

어려운 분들에게 나눠주는 것도 훌륭하지만,
17년간 정성스럽게 해왔다는 사실에 고개가 더 숙여졌습니다.
이렇게 고마운 분들이 우리 옆에 계시다는 것에
마음이 훈훈해졌습니다.
처음에는 직원들이 힘들다고도 했지만
매년 하는 행사이기 때문에 직원들도 이제는 즐겁게 일한답니다.
은혜마을로 돌아와 한 포기 한 포기 다시 꺼내
웃소금을 뿌린 다음 포장을 해서 정성스럽게 땅에 묻었습니다.
앞으로 몇 달간 어르신들은 이 김치를 잡수실 것입니다.
은혜로 양념된 레미콘 공장표 김치를.
오늘도 누리는 한없는 은혜를 다시 생각해봅니다.

원기 90년 11월 25일

# 유대인, 아랍인

"아들의 장기를 받는 사람이 유대인인지, 아랍인인지는 중요하지 않습니다."
이스라엘군의 총탄에 12살 아들을 잃은
한 팔레스타인 부모의 말입니다.
이 아랍인 부모는 아들의 장기를 3명의 어린이에게 기증해
새 생명을 얻게 했습니다.
그리고 그 어린이들은 모두 이스라엘 어린이였습니다.
오늘 신문에 난 기사입니다.

지금도 무고한 목숨들이 숨져가는 중동에서 들려온
거룩하고 소중한 평화의 메아리입니다.
수 천 년 묵은 업(業)을 맑히는 한줄기 영롱한 샘물입니다.
"원수들에게 장기를 주어서는 안 된다"는 주위의 만류를
뿌리치고 사랑을 선택한 아름다운 결단입니다.

그렇습니다.
유대인과 아랍인들은 지금 서로 원수이지만
생명을 나눈 그 어린이들은 서로 원수일 수 없습니다.
그리고 그 부모님들도 서로 원수일 수 없습니다.
미워할 수 없는 사이가 되었습니다.
새 생명을 얻은 이스라엘 어린이의 부모는
"딸이 퇴원하면 곧 기증자의 가족을 초청해 파티를 하겠다"고 했답니다.

머리 숙여지는 아름다운 이야기를 접하면서 많은 생각을 하게 됩니다.
나는 어떤 사람들에게 무엇을 나누어주면서 살고 있는지…

추운날씨에 건강하시기를 기원합니다.

원기 90년 11월 10일

# 인연을 위한 기도

● 천지하감지위! 부모하감지위! 동포응감지위! 법률응감지위!
은혜 충만하신 법신불 사은이시여!

사은님의 은혜 속에 지난 한 주를 무사히 마치고 이렇게 은혜마을 가족들이 한 자리에 모여 마음공부 시간 갖게 하시니 감사하옵나이다.

법신불 사은이시여!
세상에는 인연이 참 많습니다. 만나는 이들마다 인연이 되니까 말입니다.
지금 만나는 인연은 전생에도 만났었고, 다음 생에도 또 다시 만나게 될 인연입니다.
그래서 어느 누구 하나 소중하지 않은 인연이 없습니다.
여기 모여 마음공부를 하고 여기 만나 함께 일하는 은혜마을 가족들 또한 너무나도 소중한 인연입니다.

법신불 사은이시여!
저희들 가끔 이런 소중한 인연들에게 기분 내키는 대로,
마음 내키는 대로 함부로 대하지는 않는지 스스로 반조하게 하옵소서.
그리하여 악연은 선연으로, 선연은 영원한 선연으로 이어가게 하옵소서.
내게 오는 인연이 지위가 낮다 하여 깔보지는 않았는지,
내게 오는 인연이 얼굴이 못생겼다 하여 흉보거나,
능력이 없다 하여 무시하지는 않았는지,
내게 오는 인연이 내게는 도움이 안 되는 불필요한 인연이라
생각하지는 않았는지 깊이 반조하게 하옵소서.

법신불 사은이시여!
인과를 알면 세상 어느 것 하나도 인과 아니고서 이루어지는 것이 하나도 없건만 인과를 알지 못하면 세상 모든 것을 내 맘대로 해도 되는 것인 줄 알고 자행자지 하여 행하는 것마다 죄업을 짓게 되니 인과를 아는 것보다 급한 것이 없다는 스승님 말씀이 호리도 틀림이 없음을 깨닫습니다.

법신불 사은이시여!
저희들 마음 한번 쓰고 몸 한번 움직일 때마다 인과를 생각하여
조심하고 또 조심하여 죄업은 짓지 아니하고 선업만을 짓게 하옵시고,
대하는 인연마다 소중한 나의 인연임을 느끼고 알아서
악연은 짓지 말고 선연만을 짓는 현명한 공부인 되게 하옵소서.
저희들 마음모아 일심으로 비옵니다.

원기 90년 10월 13일

---

이 기도문은 직원마음공부시간에 김명선교도님이 기도한 내용입니다.

# 다른 세상

이 세상에서 우리는 수많은 사람들과 함께 살아갑니다.
하지만 모두 같은 세상을 사는 것은 아닌듯합니다.

땀 흘려 노력하는 사람과 게으르게 사는 사람은
한 세상에 살아도 서로 다른 세상을 삽니다.

받는 것을 좋아하는 사람과 주는 것을 좋아하는 사람은
또 서로 다른 세상을 살아갑니다.

어디를 가나 인연들과 불화하는 사람과
어디를 가도 사이좋게 사는 사람은
서로 다른 세상을 삽니다.

감사하며 사는 사람과 원망하며 사는 사람은
따뜻한 봄과 얼음 어는 겨울처럼 다른 세상에 삽니다.

마음 내키는 대로 사는 사람과
말 한 마디를 하더라도 잠시 멈췄다가 하는 사람은
다른 세상을 살 수 밖에 없습니다.

작은 차이가 서로 다른 삶을 살게 합니다.
조용히 고개 들어 가을 밤하늘의 맑은 별을 보는 것만으로도
옆 사람에게 반갑게 눈길을 주는 것만으로도
하루를 시작하기 전 잠시 호흡을 고르기만 하여도
새로운 세상, 다른 세상이 내게로 옵니다.

새로운 마음가짐이 새로운 세상을 열리게 하고
새로운 몸가짐이 어제와 다른 세상을 꽃피웁니다.
오늘도 새로운 하루를 맞이합니다. 처음 만나는 세상입니다.

원기 90년 9월 24일

# 충무공의 마음

● 대종사 말씀하시기를

「이 충무공(忠武公)은 그 마음 쓰는 것이 도(道)가 있었도다.
그는 높은 위에 있으나 마음에 넘치는 바가 없이
모든 군졸과 생사고락을 같이 하였고,
권세를 잃어 일개 마졸이 되었으나
또한 마음에 원망과 타락이 없이
말 먹이는 데에 전력을 다하여 말을 살찌게 하며, 때로 말에게 이르기를
"네 비록 짐승일지언정 국록(國祿)을 먹고 이만큼 자랐으니
국가 존망의 시기를 당하여 힘을 다하라"고 타일렀다 하며,
편안하고 명예스러운 일은 다른 장군에게 돌리고
어렵고 명색 없는 일은 자신이 차지하여
오직 위를 섬김에 충성을 다하였고 아래를 거느림에 사랑을 다하였으니,
과연 그는 지(智)와 덕(德)을 겸비한 성장(聖將)이라,
나라 일이나 천하 일을 하는 사람들이 다 같이 거울 삼을 만한 분이니라.」
윗글은 대종경 인도품52장의 말씀입니다.

위대한 분이라는 것을 알고는 있으나 대종사님께서 성인
성(聖)자를 써서 칭송을 하셨으니
이순신 장군의 훌륭하신 인품을 다시 생각하게 됩니다.
많은 전투에서 승리를 거두고 혁혁한 전과를 세운 점을 앞세우기 보다는
장군의 마음 씀씀이〈用心法〉를 더 드러내고 계십니다.
나라 일, 천하 일을 하는 사람들이 거울 삼아야 한다고 하셨습니다만
가정 일, 사회 일에도 마찬가지겠지요.
작은 일에도 주변을 탓하고, 원망하며 자신을 드러내려는
마음으로는 마음의 평화도 주변의 평안도 이루기 힘듭니다.
상(相)없는 마음으로 대의(大義)를 위해 묵묵히 노력하는 그런
삶의 자세가 필요할 뿐입니다.

추석 연휴 마지막날 정말 기쁜 소식이 들려왔습니다.
북경에서 열린 6자회담에서 한반도 평화의 길이 열리기 시작했기
때문입니다. 헤아릴 수 없이 많은 보이지 않는 염원과 피와 땀이
맺은 결실입니다.
기쁘고 다행스럽고 감사합니다. 우리가 오늘 맑은 가을 하늘 아래서
풍요로운 들녘을 바라볼 수 있는 평화로움도
누군가의 염원과 피와 땀에 빚진 것임을 잊지 말아야겠습니다.

원기 90년 9월 20일

# 불멸의 이순신

집안이 나쁘다고 탓하지 말라
나는 몰락한 역적의 가문에서 태어나
가난 때문에 외갓집에서 자라났다.
머리가 나쁘다고 말하지 말라
나는 첫 시험에서 낙방하고
서른 둘의 늦은 나이에 겨우 과거에 급제했다.
좋은 직위가 아니라고 불평하지 말라.
나는 14년 동안 변방 오지의 말단 수비 장수로만 돌았다.
윗 사람의 지시라 어쩔 수 없다고 말하지 말라
나는 불의한 직속 상관들과의 불화로
몇 차례나 파면과 불이익을 받았다.
몸이 약하다고 고민하지 말라.

나는 평생 동안 고질적인 위장병과 전염병으로 고통 받았다.
기회가 주어지지 않는다고 불평하지 말라.
나는 적군의 침입으로 나라가 위태로워진 후에야
마흔 일곱에 제독이 되었다.
조직의 지원이 없다고 실망하지 말라.
나는 스스로 논밭을 갈아 군자금을 만들었고
스물 세 번 싸워서 스물 세 번 모두 이겼다.
윗사람이 알아주지 않는다고 불만 갖지 말라.
나는 끊임없는 임금의 오해와 의심으로
모든 공을 뺏긴 채 옥살이를 해야 했다.
자본이 없다고 절망하지 말라.
나는 빈손으로 돌아온 전쟁터에서
열 두 척의 낡은 배로 133척의 적을 막았다.
옳지 못한 방법으로 자식을 사랑한다 말하지 말라.
나는 스무 살의 아들을 적의 칼날에 잃었고
또 다른 아들들과 함께 전쟁터로 나섰다.
죽음이 두렵다고 말하지 말라.
나는 적들이 물러가는 마지막 전투에서 스스로 죽음을 택했다.

원기 90년 9월 6일

---

윗글은 최근에 마친 드라마 '불멸의 이순신' 관련 인터넷 글입니다. 누구의 글인지는 모르겠습니다.

# 결실과 결심

하늘은 높아지고
강물은 더 깊어진 듯 합니다.
부는 바람은 선선하고
흔들리는 나무들은 생각에 잠긴 듯 합니다.
아침 저녁으로 들리는 풀벌레 소리는 더 맑아졌습니다.
벼들은 누렇게 익어가고 과일도 몸피를 더하고 있습니다.
가을, 결실의 계절이면 마음이 늘 서늘해지곤 합니다.
지나온 시간이 저절로 뒤돌아 보아지기 때문입니다.

지난 주 8월 21일은 법인절(法認節)이었습니다.
대종사님과 구인선진님들의 목숨을 건 기도가 법계의 인증을 받은 날.
이 날을 지내면서 저는 '결심'(決心)을 생각했습니다.
사소한 나쁜 습관 하나라도 고쳐보려는 결심,
무언가 작은 선행을 꾸준히 해보자는 결심,

또는 아주 거창한 결심이든 …
결심과 다짐이 필요하다는 생각을 했습니다.

이 결심 없이는 그 어떤 결과도 볼 수 없으니
결심은 씨앗이고 결과는 열매인 셈입니다.
마음을 먹고, 결심을 하고, 챙기고 또 챙기고,
다짐하고 또 다짐해도 기대한 결과를 얻기가 쉽지 않은 것이 사실입니다.
하물며 마음을 풀어 놓고, 챙기지 않고, 다짐도 하지 않는다면.
……
결실(結實)의 계절 가을에
결심(決心)이 더 중요하다는 생각을 합니다.
마음속에서 먼저 맺혀야 현실에서도 맺히는 결실이 있기에.

원기 90년 8월 27일

# 청소와 마음공부

● 청소와 마음공부는 닮은 데가 많습니다.

더러운 것을 잘 발견하는 사람도 있고
더러운 것을 잘 보지 못하고 무덤덤한 사람도 있습니다.

잘 보이는 곳만 쓸고 닦는 사람이 있는가 하면
잘 보이지 않는 구석구석까지 청소를 하는 사람이 있습니다.

큰 것부터 치우는 사람도 있고
작은 것부터 치우는 사람도 있습니다.

즐겁게 하는 사람도 있고
투덜거리며 하는 사람도 있습니다.

지나가는 곳마다 더럽히는 사람도 있고
지나가는 자리마다 깨끗하게 만드는 사람도 있습니다.

아무도 보지 않는 곳에서 열심히 청소하는 사람도 있고
누군가 보지 않으면 잘 하지 않는 사람도 있습니다.

청소를 하면서 삶의 기쁨을 누리는 사람도 있고
청소를 하다가 지쳐버리는 사람도 있습니다.

선뜻 손을 더럽히며 청소를 하는 사람도 있고
손이 더러워질까봐 머뭇거리는 사람도 있습니다.

청소는 하지 않으면서 깨끗한 삶을 바라는 사람도 있고
땀흘려가며 자신과 세상을 맑게 하는 사람도 있습니다.

원기 90년 8월 11일

# 거울을 닦으며

제가 쓰고 있는 세면장에 거울이 있습니다.
가장 많이 보는 거울입니다.
그런데 세수를 하거나 목욕을 하면 물이 묻어서
얼룩이 지곤 합니다.
수도꼭지 뒤쪽에 거울이 달려있으니
하루에도 몇 번씩 얼룩이 집니다.
아주 천천히 조심해도 한 두 방울의 물이 튀어서 묻습니다.
그렇게 묻은 물이 마르면 얼룩이 됩니다.

작은 수건을 하나 마련해서
거울을 닦습니다.
내 얼굴을 잘 비춰보기 위해 거울을 닦습니다.
거울 닦기가 습관이 되다보니
어떤 때는 얼굴보다 거울을 더 잘 닦는 것 아닌가 하고 피식 웃습니다.

그래도 그래야 마음이 편합니다.
있는 그대로를 비춰줄 수 있는 거울이 있다는 것에 마음이 놓입니다.
문득 내 모습과 삶을 있는 그대로 비춰줄 거울이 있는지
그 거울들은 맑게 빛나고 있는지 생각해봅니다.

'코털이 길었네', '눈꼽이 그대로 있네' 라고 알려주고
'그렇게 하면 안돼!' 라고 듣기 싫은 충고도 하고,
'정말 잘하고 있어, 용기를 내!' 라고 격려도 해주는 인연들,
어쩌면 그 거울들은 내 소중한 인연들인지도 모릅니다.
내 남편과 아내, 내 가족들 그리고 동료들, 스승님들…
그들이 나를 비춰주는 맑은 거울일 것입니다.
내 곁에 그런 거울이 얼마나 있는지
가만히 생각해봅니다.
모두 더위에 건강하십시오.

원기 90년 7월 29일

## 상처받기 싫어서

속마음을 잘 드러내지 않습니다.
이유를 물으면 '그냥' 이라고 답합니다.
상처 받기 싫어서.

누군가를 좋아하지만 말하지 않습니다.
상대방의 대답으로 인해
상처 받기 싫어서.

마음은 묘한 것이어서
눈에 보이지 않아도 상처 받고, 피 흘립니다.
본능적으로 상처를 피하고 싶어 합니다.
자연스런 일입니다.
그런데
상처받기 싫어 제대로 말하지 않는 마음을 들여다보니

이 마음은 더 많은 상처를 받고 있습니다.
상처 받기 싫어서 말하지 않는 그 모든 순간들마다
마음은 상처를 받고 있습니다.
조마조마 걱정하고 못 믿는 마음입니다.

상대방에게 상처를 주는 것이 아니라면
이런 말 저런 말 내가 먼저 하는 것이
서로를 위하는 일인 것 같습니다.
미안하면 미안하다, 좋아하면 좋아한다 …

'내가 좀 상처를 받지 뭐…' 하는 마음으로 사는 것이
은혜로운 인간관계에 도움이 될 것 같습니다.

원기 90년 7월 4일

# 마지막 진지

사회복지법인 원불교창필재단의 노인전문요양시설 '은혜마을'.
이 곳엔 50분의 어르신들이 살고 계십니다.
주로 형편이 아주 어려운 분들이십니다.
더구나 노인성 질환을 가지고 계신 편찮은 분들입니다.
거동에 지장이 없는 분들도 계시지만
대개는 옆에서 보기에 아슬아슬하고 위태롭습니다.
어르신들과 함께 한다는 것 자체가 쉽지 않은 일입니다.
식사, 세면, 목욕, 대소변 등 일상적인 보호 업무를 행하는
직원들의 모습을 보면 아무나 하는 일이 아님을 바로 알 수 있습니다.
1년 넘게 은혜마을 가족들이 함께 하면서 많은 것이 변했습니다.
시설도 보완되었고, 업무의 숙련도도 높아졌습니다.

어르신들도 좀 더 편안해 하시는 것 같고,
직원들도 서로를 위해주는
진정한 은혜마을 가족으로 되어가고 있습니다.
시간이 지나면서 점점 더 나아진다는 믿음이 있습니다.
함께 공부하고 노력하기 때문입니다.

하지만 가끔 저는 이런 말을 합니다.
"오늘 저희들이 어르신들께 드리는 진지가
마지막 진지가 될 수 있습니다.
어르신이 오늘 보신 은혜마을의 모습이
어르신이 보신 지상의 마지막 모습일 수 있습니다.
오늘 나누는 대화가 어르신의 마지막 대화가 될지도 모릅니다"라고.
더 잘 해드릴 걸 하는 후회를 하지 않으려면
하루하루 잘 돌봐드려야겠다는 이야기를 하고 싶은 것이지요.
한 번의 소홀함이 영원한 후회가 될 수 있는 일터입니다.
이런 이야기를 하다보면 마음이 자꾸 아파집니다.

마지막 진지와 마지막 잠자리일 수 있는 은혜마을을 운영한다는 것
아무리 생각해도 저희의 책임이 너무 무겁습니다.

원기 90년 6월 6일

# 닭이나 개는 찾으면서

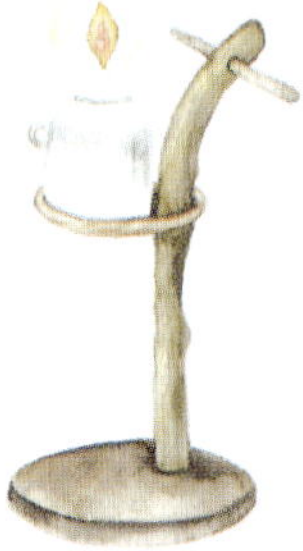

공자님의 뒤를 이어 마음을 밝히신
맹자님께서 말씀하십니다.

'인(仁)은 사람의 마음이요, 의(義)는 사람의 길이다.
그 길을 버리고 말미암지 않으며,
그 마음을 버리고 구할 줄을 모르니,
슬프도다.
사람이 닭과 개가 풀어져 있으면 구할 줄을 알되,
마음을 놓아버리고서는 구할 줄을 모르니,
학문의 도는 다른 것이 아니다.
그 놓아진 마음을 구하는 것일 뿐이다.'

글을 읽다가 마음이 저려왔습니다.
저 역시 교당에서 기르는 개가 풀어지면 황급히 찾곤 합니다.
아마 기르던 닭이 그래도 마찬가지였을 것입니다.
산다는 것이 이런 것인지도 모른다는 생각을 했습니다.
소중하고 급하다고 여기는 것들을 찾으면서
하루하루를 부산하게 살고는 있지만,
자칫 정말로 소중한 자신의 마음은
찾지도 않으면서 사는 것은 아닌지…

누구나 가지고 있는 마음!
누구는 애써서 찾아 빛내고,
누구는 내버려두어서 빛을 잃게 합니다.

가장 소중한 것을 잃고 사는 사람들이 안타까워서
닭이나 개에 비유한 맹자님의 마음을 느끼며
다시 한 번 나를 뒤돌아봅니다.

원기 90년 5월 23일

# 차라리 모른다고

"나는 원래 성격이 급해요."

"나는 원래 잘못했다고 먼저 말 못해요."

"나는 원래 도와달라는 말 못해요."

이런 말을 종종 듣게 됩니다.

이런 말을 들을 때마다 반문하고 싶습니다.

"태어나면서부터 성격이 급하셨나요?"

"한마디 사과로 운명이 바뀐다 해도 잘못했단 말을 못하십니까?"

"물에 빠져 죽게 되어도 도와달라는 말을 하지 못하실까요?" 라고.

저는 의심합니다.

'나는 참고 싶지 않다.'

'나는 자존심 상해가며 사과하고 싶지 않다.'
'나는 도와달라는 말로 체면 깎이고 싶지 않다.'
결국 '나는 내 맘대로 살고 싶다'는 마음들이
그 말 뒤에 숨어 있는 것은 아닌지.
'못하는' 것이 아니라 사실은 '안 하는' 것이고,
'안하는' 것이 아니라 사실은 '하고 싶지 않은' 것이라고 생각합니다.
특히, '원래'라는 말은 함부로 쓸 일이 아닙니다.
절대로 고칠 수 없고, 절대로 변할 수 없다는 말이 되어버리기
때문입니다.
마음을 바꾸면 행동이 바뀌고, 행동을 바꾸면 습관이 바뀌고,
습관을 바꾸면 성격과 인격이 바뀌고 운명이 바뀝니다.
대종사님의 인생관입니다.

섣부르게 자신을 틀에 가두는 자기규정을 하느니
차라리 '내가 나를 아직 잘 모르겠습니다'라고 하는 것이
훨씬 겸손하고 은혜롭다고 생각합니다.
겸손하게 나 자신을 알아가는 끝없는 여행길을 계속해야
법신불 사은님께서 좀 더 도와주실 것 같습니다.

원기 90년 5월 20일

# 마음등(心燈)

● 부처님 오신날을 맞이하여 연등(蓮燈)을 만들었습니다.
은혜마을 어르신들도 만드시고
어린이들의 고사리 손도 한 몫을 했습니다.
그냥 보는 것만으로도 아름다운 연등인데
밤에 불을 켜놓으니 환하게 참으로 아름답습니다.
어둠이 깊어 갈수록 더욱 아름답게 빛나는 연등은
많은 생각을 하게 합니다.

연등에 담긴 모든 소원이 이루어졌으면 좋겠고,
우리들의 마음도 늘 환하게 밝았으면 좋겠습니다.
그리고 무엇보다도 꺼지지 않는 등불이 되었으면 좋겠습니다.
비바람에도 꺼지지 않는 연등처럼,
역경과 난경 속에서도 그 밝음을 잃지 않는
마음 등〈心燈〉이었으면 좋겠습니다.

오늘도 안타까운 것은
하나 둘 꺼지는 등불을 보는 일입니다.
고난 속에서 삶의 용기를 잃는 사람
삶의 무게를 이기지 못해서 희망을 포기하는 사람
될 대로 되라며 자포자기하는 사람…
꺼지는 등불입니다.

아무리 상황이 어려워도 포기하지 않는 사람
역경 속에서 더욱 용기를 내는 사람
끝없이 배우고 성장하려고 노력하는 사람
자신을 희생하여 주변을 밝히는 사람…
이 분들은 살아있는 등불입니다.
연등을 마음에 옮겨와서 마음 등을 켠 분들입니다.

그 무엇으로도 꺼지지 않는 등불, 마음등!

원기 90년 5월 15일

## 열린 사랑

전곡과 의정부를 오가는 경원선을 자주 탑니다.
서울 시내의 지하철과는 사뭇 다른 느낌의 기차입니다.
공간이 비교적 넉넉하고, 무엇보다 승객들의 마음도 느긋한 것 같습니다.
한 시간에 한 번 있는 기차라서 불편함도 있지만
그 뜸한 간격이 새로운 여유를 주는 것도 사실입니다.
저에게 이 기차는 몸과 마음의 휴식이 되곤 해서 늘 고맙습니다.
그런데 가끔 마음에 좀 거슬리는 풍경이 있습니다.
먼저 자리를 잡은 사람이
아직 오지도 않은 동행을 위해서 자리를 맡아두는 경우입니다.
자리를 찾는 승객들이 빈 자리인지를 확인하면
"자리 있는데요"라고 그 자리를 비워주지 않습니다.

저는 이런 모습을 보면서 마음이 답답해지곤 합니다.
자신과 친한 동행을 기다리며 자리를 마련해주고 싶은 마음은
아름답습니다.
그러나 다른 승객들에게 자리를 내어주지 않는 마음은 답답해 보입니다.

사랑(?)이 지나쳐서 집착(?)으로 변하는 모습을 보는 것 같습니다.
학연, 지연, 혈연으로 엮여있어야 취직도 되고,
어떤 인연이라도 있어야 서로 이익을 주고받는 세상이
보이는 것 같습니다.

아직 오지 않은 동행에게 자리를 내어주고 싶다면
내가 다른 자리를 독점할 것이 아니라
내 자리를 내어주면 될 것입니다.
기차에 탄 모든 사람들이 누군가에게 매우 소중한 동행이고,
서 있는 사람들의 다리도 모두 똑 같이 아픈 다리일 터,
내 동행의 아픈 다리만을 배려하고, 다른 이들을 배려하지 않는다면
그 작은 배려는 '닫힌 사랑' 일 것입니다.
자리를 비워서 '열린 사랑' 으로 가야겠습니다.
물론, 열린 사랑으로 가면 갈수록 내 다리는 좀 아프게 되겠지요.

원기 90년 4월 27일

## 내 소리

● 미국 프로리다 해변에서 돌고래 70여 마리가 떼죽음을 했답니다.
생물학자들이 그 원인을 밝히려고 노력 했는데
알고 보니 그 전날 해군들이 훈련을 하면서
수중 음파 탐지기를 작동했던 것이 원인이었답니다.
사람들의 귀에는 들리지 않지만
탐지기의 음파가 돌고래들에겐 엄청난 고통이었던 것이죠.
그 음파를 피하려다가 결국 급작스럽게 수면위로 도망치게 되었고
급속한 상승으로 돌고래들이 죽게 되었답니다.
더구나 72킬로미터나 떨어진 곳에서 전달된 음파라고 하니 놀랍습니다.
얼마 전 신문 기사에서 읽은 내용입니다.

많은 생각을 하게 한 기사 내용이었습니다.
세상에 원인 없는 결과는 없다는 인과의 이치를 생각했습니다.
군인들이 돌고래들을 죽이려고 음파를 쏜 것은 아니지만

눈에 보이지도 않고, 사람 귀에도 들리지 않는 음파가
결국 엄청난 결과를 초래했습니다.
그리고 나를 돌아보았습니다.
내 행동 하나, 내 말 한 마디, 그리고 내 마음 하나하나가
하나의 음파처럼 이 세상으로 퍼져나가고
그 파장은 반드시 어떤 결과를 가져오겠지요.
나도 모르게 누군가에게 상처를 주기도 하고,
나도 모르게 누군가에게 절망을 안겨줄 수 있겠지요.

지금 이 순간도 내 몸과 마음으로 일으키는 파장이
누군가의 상처를 치유하고, 누군가에게는 희망을 주는
아름답고 은혜로운 파장이었으면 좋겠습니다.

원기 90년 4월 19일

# 1분이라도

어제도 오늘도 어두운 얼굴이 있습니다.
엉킨 실타래 같이 복잡한 생각으로 가득한 사람도 있습니다.
저 사람은 무슨 재미로 살까 하고 걱정되는 사람도 있습니다.
혹시 자포자기 하고 있는 것은 아닌가 의심되는 사람도 있습니다.
잘 웃지 못하는 사람들이 있습니다.
열심히 산다고 하지만 점점 더 어려움에 빠지는 사람도 있습니다.
괴로움에 빠져서 허우적대면서도 괴롭지 않다고 하는 사람도 있습니다.
앞날이 걱정되는 사람이 있습니다.
닫힌 마음으로 얼어붙은 채 살아가는 사람도 있습니다.
너무 닫혀있어서 말조차 건네기 어려운 사람도 있습니다.
삶의 방향을 잃고 망연자실한 사람도 있습니다.

이런 인연들에게 말하고 싶습니다.
3분이라도 또는 1분이라도 기도하시라고.

아니 간절한 마음으로 30초라도 기도하시라고 말입니다.
절망 속에서도 밥은 먹고 물은 마십니다.
그리고 세수하고 거울을 봅니다.
밥 한 끼를 먹는데 10분은 걸릴 겁니다.
세수하고 거울 보는데 쓰는 시간이 하루에 10분은 넘을 것입니다.
그 상대가 하느님이든, 부처님이든, 법신불 사은이든
아니면 천지신명이든 돌아가신 부모님이든 자기 자신이든…
아무 것도 보이지 않고 들리지 않는 빈 하늘이든지 상관없습니다.

잠시 잠깐이라도 마음을 모아 기도하실 것을 권하고 싶습니다.
제발 1분이라도…
그러면 무언가 변하기 시작합니다.

원기 90년 4월 9일

# 복사기 앞에서

급하게 복사를 하려고 복사기 앞에 섰습니다.
복사기에 전원이 들어와 있지 않았습니다.
전원 스위치를 올리니 '기다려주십시오' 라는 빨간 불이 들어오면서
복사기가 윙-소리를 내면서 꾸물거리며 준비를 합니다.
이미 아는 바와 같이 예열이 되어 있지 않았기 때문이지요.
1초, 2초, 3초… 시간은 흐르는데 아직도 '기다려주십시오' 입니다.
짜증스러운 마음이 나면서
'이렇게 밖에 못 만드나?' 하는 원망심이 나옵니다.

일을 마치고 나서 마음이 개운치 않았습니다.
나를 돌아보았습니다.
……
복사기는 최선을 다했더군요.
나는 기다려야 했습니다.

기껏해야 40초였습니다.
가만히 생각해보니 그 40초는 인류가 최선을 다해서 단축해온
의미 있는 40초였습니다.
나는 그 복사기 앞에서 원망을 할 자격이 없는 사람이었습니다.
수 백 개, 수 천 개의 작은 부품들이 최선을 다해서 시간을 줄이는 동안
차라리 복사기를 만들어준 숱한 사람들에게 감사해야했습니다.
수많은 부품과 기술을 개발하고 발명한 사람들에게 감사해야했습니다.
……
복사기만이 아니라
나를 둘러싼 소중한 사람들이나 여러 가지 일에도
조급한 마음으로 대하고 있지는 않은지
돌아보는 계기가 되었습니다.

원기 90년 2월 25일

# 사람 되게 많다

지하철을 타려는데 옆에서 들려오는 소리
"사람 되게 많다."
의정부 역에서 기차표를 사려고 줄을 서있는데 들리는 소리
"아! 사람 무지 많다."
막히는 길에서 택시 기사 아저씨
"엄청 막히네, 웬 차가 이리 많은지…"
그렇습니다. 사람 참 많은 세상에 살아가고 있습니다.
어디를 가나 사람이 많습니다.
호젓함을 찾아간 산에서도 정체 현상이 생기곤 합니다.
줄을 서서 산을 오르는 풍경이 낯설지 않으니까요.

다가오는 전철 앞에서 사람이 많다고 하는 말 뒤에는
내가 앉을 자리가 없다는 마음이 있고,
긴 줄 뒤에서 사람이 많다고 하는 경우에는

기다리기 싫다는 마음이 있습니다.
다른 차들이 왜 이리 많냐는 말에는
내 차를 늦게 가게 하는 다른 차에 대한 원망의 마음이 있습니다.
사람이 많을수록 내가 앉을 자리는 줄어들고,
사람이 많을수록 내가 기다리는 시간도 늘어나고,
사람들이 차를 끌고 나올수록 내 차의 속도는 줄어듭니다.
그 사람들이 좀 적었으면 내가 편하게 살 수 있을 것만 같습니다.
정말 그런 것인가요? 우리의 마음가짐이 그래도 되는 것인가요?
나도 그 수많은 사람 가운데 하나임에 틀림없습니다.
한 사람 한 사람이 모두 소중함을 잊지 않는 것
감사 생활의 기본인데…
나는 어떻게 마음을 쓰고 있는지 돌아봅니다.

원기 90년 2월 14일

# 다른 것도 은혜

오랫동안 불화하는 부부를 보면서
'도대체 왜 저 부부는 불화할까?' 라는 생각을 하다가
이 의문이 '아니 도대체 이 세상의 모든 부부들은 왜 불화할까?'
라는 질문으로 옮아갔습니다.
이 생각 저 생각을 했지만 하나의 답을 꼭 집어내기는 쉽지 않더군요.
그 가운데 한 생각.
가만히 보니 모두 '달라서' 문제더군요.
성격이 달라서, 습관이 달라서, 취향이 달라서, 잠버릇이 달라서,
학벌이 달라서, 성장배경이 달라서, 종교가 달라서, 재력이 달라서…
달라서, 달라서, 달라서…

그런데 이 세상 어느 것도 같은 것은 없습니다.
쌍둥이도 서로 다르고, 남자는 여자와 다르고,
동물은 식물과 다릅니다.

물은 불과 다르고, 사람은 자연과 다르고,
책상은 의자와 다르고…
가만히 생각해 봅니다.
세상에 같은 것만 있다면…
정말 이상하겠지요.
우주 만물이 서로 다른 가운데 어울려 사는 것이고,
남녀도 서로 다르니 부부의 연을 맺는 것이지요.
다르다는 것은 서로 불편한 이유가 되기도 하지만
사실은 재밌게 살아가야 할 이유이기도 합니다.
하나도 같은 것이 없는 이 우주 속에서,
더구나 순간순간이 다 다릅니다.
다르다는 것, 생각할수록 큰 은혜입니다.

원기 90년 1월 18일

# 무명씨

새 해를 맞는 준비를 하면서
통장 정리를 하다가
눈에 띄는 이름이 있었습니다.
'무명씨' (無名氏)
그리고 또 알 수 없는 이름의 희사자들.
수 개월간 그 분들의 이름이 찍혀있었습니다.
누군가 제게 알리지도 않고 교당 통장에 입금하고 있는 것이지요.

전곡교당은 교도님들의 정성이,
은혜마을은 후원인들의 정성이 큰 힘이 되고 있습니다.
액수가 크건 작건 그것과는 또 다른 면에서 힘이 됩니다.
누군가 응원해주고 있다는 사실이지요.
내가 하는 일, 우리가 하는 일을 누군가 응원해주고 있다는 것!
눈물겹게 고맙고, 힘이 솟는 일입니다.

지난 한 해도 준 것 보다 받은 것이 더 많은 한 해였습니다.
새 해를 맞이하며 다시 한 번 다짐합니다.
누가 알아주든 말든 해야 할 일을 하는 그 '무명씨' 들처럼
그렇게 살아야겠습니다.
이 세상에서 내가 해야 할 일을 묵묵히 할 수 있다는 것
참으로 행복한 일입니다.
참으로 아름답고 은혜로운 일입니다.

멀리 보고 크게 보면 우리 모두 '아무 이름도 붙일 수 없는'
'무명씨' (無名氏)인 것을…

마음공부 잘하고 즐겁게 보은하는 새 해 되시기를 기원합니다.

원기 90년 1월 7일

# 서리가 내린 뒤

올 겨울은 아직까지 별로 춥지 않습니다.
신문을 보니 겨울 옷 장사가 잘 되질 않는답니다.
그래도 이 곳 은대리는 밤마다 서리가 하얗게 내리곤 합니다.
며칠 전엔 회양목을 심으며 걱정을 했습니다.
밤사이에 된서리를 맞아서 얼어 죽으면 어쩌나 하고.
작년 겨울에 심은 나무들은 거의 다 살았는데
그 중 몇 그루는 겨울을 나지 못하고 봄에 싹을 틔우지 못했습니다.
올 겨울에도 은대리의 나무들이 궁금합니다.
따뜻한 날씨에 오히려 방심하는 나무들은 없는지,
갑자기 추워지는 날씨에 얼어버리는 나무들은 없는지…

그리고 또 …
나를 비롯해서 내가 아는 인연들을 걱정합니다.
「송죽의 가치를 상설(霜雪)이 드러내듯이

공부인의 가치는 순역 경계가 드러내나니,
각자에게 난관이 있는 때나 교중에 난관이 있는 때에
그 신앙의 가치가 더 드러나고 그 공부의 가치가 더 드러나나니라.
국가에서 군인을 양성하는 것은 유사시에 쓰자는 것이요
도인이 마음공부를 하는 것은
경계를 당하여 마음 실력을 활용하자는 것이니라.」(권도편31장)
스승님 말씀이 하얀 서리처럼 마음에 내려앉습니다.

은대리 벌판에 내리는 차가운 서리를 오지 말라고 할 수는 없습니다.
결국 내리고야 말 눈발을 내리지 말라고 할 수는 없습니다.
인생을 살아가면서 역경이 없기만을 바랄 수도 없고,
난경을 피해만 갈 수도 없습니다.
묵묵히 추위를 이겨내는 겨울 나무들 같이
우리도 그렇게 살아내는 겨울이 되기를 기원하는 밤입니다.

원기 89년 12월 20일

# 잘못했습니다

무엇을 잘하고 있는지,
잘못하고 있는 것은 무엇인지
알기가 쉽지 않을 때가 있습니다.

분명 내가 잘못한 것을 알면서도
'잘못했습니다' 라고 고백하기도 쉽지 않습니다.
하나의 잘못에 따라 붙는 또 하나의 잘못입니다.
자신의 잘못을 시인하지 않는 것!

12월은 한 편으론 느긋한 달이기도 하지만
또 한 편으론 지난 날을 반성해야 하는 아픈 시간이기도 합니다.
내가 기억조차 하지 못하는 가운데
어떤 잘못을 저질렀을까를 생각하면…
조마조마하고 아슬아슬합니다.
그리고 마음이 무겁습니다.

이 해가 다 가기 전에 조용히 뒤돌아보아야 하겠습니다.

내가 잘못해놓고도 '잘못했다' 고 말하지 않고
용서를 구하지도 않은 일은 없는지…
사과를 했어야 했는데 하지 않은 경우는 없는지…

새로운 계획을 세우기 전에
맑고 밝은 새 해를 맞이하기 전에
내 마음의 어둠을 털어내야 하겠습니다.
내가 아는 내 잘못만이라도 털고 가야겠습니다.

'제가 잘못했습니다' 라는 고백이 지금은 어려워도
결국은 나를 떳떳하고 자유롭게 할 것이라 믿습니다.

원기 89년 12월 7일

# 머리 들어 하늘을

따뜻한 방을 뒤로 하고
차가운 새벽 기운 속으로 나옵니다.
좌선을 하기 위해서입니다.

짧은 시간이지만 그 사이에
몇 가지 복잡한 일들이 마음에 자리를 잡습니다.
주착심(住着心)!
일부러 찾지 않았으나 찾아와 마음에 머물러버리는 착된 마음.
며칠 동안 계속 내 마음에 머물던 생각들이
마음 비우러 가는 길을 가로 막습니다. '함께 가자고'

머리를 들어 하늘을 보며 기지개를 켭니다.
하늘의 별들이 초롱초롱 빛납니다.
늘 그렇듯이 어둔 하늘에 빛나는 별들은
별 소리가 없어서 더 귀를 기울이게 합니다.
눈에 흔치 않아서 눈길이 더 가곤 합니다.

새벽 하늘의 별을 본다고
그 아름다움에 잠시 취한다고
인생에 그 무슨 영향이 있겠느냐? 라고,
괜한 질문 하나 던집니다.

하지만 오늘 새벽에 내린 싱거운 결론은
무심한 별들을 더 자주 보고
조용한 별들과 더 친해져야겠다는 것입니다.
당장 필요하고, 당장 눈길을 끄는 것이 아니어도
어쩌면 정말 필요한 것인지도 모르겠다는 생각을 하면서
고즈넉한 선방에 들었습니다.

원기 89년 11월 13일

# 오늘 하루

한가위 명절 잘 지내셨는지요?

저는 '은혜마을'에서 어르신들과 함께 차례 올리며 추석을 지냈습니다.
요즘 저의 주된 관심사는 하루의 일과입니다.
세월이 흐르고 나이를 먹어가면서 삶을 돌아보게 됩니다.
남은 삶을 어떻게 설계할 것인가도 다시 생각하게 됩니다.
그런데 가만히 생각해보면 내게 주어진 세월을 다 설계하기 보다는 누구에게나 주어진 하루하루의 시간을 설계하는 것이 급선무인 것 같습니다.

누구에게나 똑 같이 주어진 하루 24시간이지만
그 24시간을 활용하는 것은 사람마다 다릅니다.
하루를 꼼꼼히 뜯어봅니다.
잠은 얼마나 자는지, 좌선은 얼마나 하는지, 보은은 얼마나 하는지, 몸의 건강을 위해서 운동은 얼마나 하고 있는지…

그리고 다시 살펴봅니다.
진정 하고 싶은 일을 하고 사는지,
반드시 해야겠다고 결심한 것들을 실행하고 있는지,
오늘 하루하루가 보람되고 행복한지,
이렇게 하루하루를 살다가 오늘 밤에 죽어도 여한이 없을지를.

상황이 내게 요구하는 것도 많고 세상을 위해서 할 일도 많습니다.
그러나 진정 내가 해야 할 일을 하고 있는지,
하루 24시간을 잘 활용하고 있는지 다시 살펴봅니다.
그래서 어떤 것은 덜어내고 어떤 것은 일과에 새로 넣어야 할 것입니다.
습관적인 하루를 보내면 내 인생이 습관적으로 흘러갈 것이고
새로운 하루를 보내면 내 인생이 새로워 질 것입니다.
저는 오늘도 초등학생들처럼 하루 계획을 짜고 또 다시 짭니다.

원기 89년 10월 2일

# 반갑습니다

원불교에선 두 손을 모아 합장하고 인사하면서
"반갑습니다" 라고 말합니다.

인사를 잘하는 사람은 보기 좋습니다.
또, 누군가 나에게 반갑게 인사하면 내 기분도 좋아집니다.
아침에 눈을 떠서 처음 보는 사람에게,
보은의 일터에서 만나는 사람들에게,
처음 만나는 사람들에게…
'반갑습니다' 라고 인사한다는 것, 참으로 기쁜 일입니다.

우리의 행복도 어쩌면 이 인사에 다 들어있는지 모릅니다.
내 주위에 보기만 해도 반가운 인연들이 많다면 나는 행복합니다.
나를 반갑게 맞아주는 인연들이 많다면 나는 행복합니다.
반갑다는 말을 하면 할수록 행복해집니다.
'반갑습니다' 는 행복의 주문(呪文)입니다.

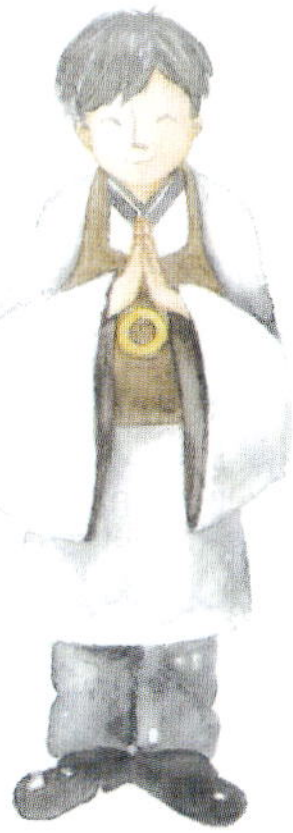

진정 모든 존재를 반가운 마음으로 대할 수 있다면
곳곳이 부처님(處處佛像)이시고
일마다 불공(事事佛供)할 수 있을 것입니다.

보는 것마다 반갑고
만나는 사람마다 반갑고
서로서로 반가워서 반가움이 반가움을 끝없이 낳는
그런 하루하루를 살다보면
대종사님 염원하신 광대무량한 낙원세상에서 살 수 있을 것 같습니다.

정말 반갑게, 반갑게 살아야겠습니다.

원기 89년 9월 9일

# 귀가 두 개인 이유

귀에 약간의 문제가 있어서 병원을 다니고 있습니다.
아주 경미한 병이지만
어제는 의사가 귀에 솜을 넣고 붕대를 붙여주었습니다.
그러니 겉으로 보기에 많이 아픈 것 같고 거추장스러웠습니다.
그런데 정작 문제는 그게 아니었습니다.
한 쪽 귀를 솜으로 막았을 뿐인데 아주 답답했습니다.

다른 사람의 이야기가 잘 들리지 않아 답답했습니다.
더구나 말을 하면 내 목소리가 크게 울려서 들립니다.
기도를 하거나 좌선을 할 때 내 목소리의 크기를 잘 모르겠고
목탁 소리도 조절하기가 쉽지 않았습니다.
어린아이처럼 가만히 앉아 귀가 두 개인 이유를 생각했습니다.

그리고 오늘 아침 좌선 후에는 은혜마을 어르신들이 생각났습니다.
몸의 작은 이상에도 이렇게 불편한데
소리를 듣지 못하시는 어르신, 소리는 들어도 말씀을 못하시는 어르신,
수저를 잘 들지 못해서 진지를 반 넘게 흘리시는 어르신,
거동을 못하시는 어르신…

아! 정말 답답하시고 괴로우시겠다.
정말 잘 해드려야겠다는 생각을 했습니다.

온전한 육근에 감사하며 열심히 보은해야겠다고 다짐하는 아침입니다.

원기 89년 8월 14일

## 대변을 보셔서

얼마 전 은혜마을 사무실 직원들과 조회를 할 때였습니다.
한사람씩 감각감상을 말하는데 송세현 교무님이 그러더군요.
"변을 잘 보시는 어르신들이 참 고맙습니다"라고.
듣고 보니 그랬습니다.
은혜마을에서 모시는 어르신들의 경계 대상 1호가 바로 변비니까요.
어르신들을 위해서도 좋고, 돌보는 직원들을 위해서도 그랬습니다.
제 때에 배변을 할 수 있다는 것이 참으로 은혜로운 일이었습니다.

원불교의 신앙은 무엇일까요?
여러가지로 말할 수 있지만 그 첫번째는
'감사 생활' 일 것입니다.
이 일에도 감사하고, 저 일에도 감사를 느끼는 것.
이 것을 빼고 그 어떤 유별난 신앙을 찾겠습니까?
신앙을 잘하는 분들은 늘 감사하고, 그래서 행복해합니다.

묘하지요, 감사를 느끼는 순간 우리는 바로 행복해집니다.
행복의 공식입니다.

보는 것마다, 만나는 사람마다, 하는 일마다 감사를 느끼는 사람.
이 사람보다 더 행복한 사람이 있을까요?
우주만유가 모두 부처님이시고
우주만유가 모두 은혜이시니
모든 것에 다 감사할 뿐입니다.

맑은 마음으로 더 많은 감사와 은혜를 발견하는
하루 또 하루를 살아야겠습니다.

원기 89년 8월 7일

하나님 말씀

고(故) 김선일.

이라크에서 억울하고 비참한 죽음을 당한 분입니다.
미국계 회사에서 일을 했다고 하고
기독교 선교를 위해서 일했다고도 합니다.

그 분이 돌아가신 후
많은 국민들이 애도를 표했습니다.
그런데 어느 기독교 목사분이 이런 말로 불만을 표했더군요.
"… 끝까지 예수님 믿으라고 했어야 했다.
살려달라고 애원을 하다니, 부끄럽다 …"
아마도 그 목사님은 젊은 후배가 죽는 순간까지
철저한 신앙심을 표현하지 못한 것이 몹시 부끄러웠던 모양입니다.

내 종교 네 종교를 떠나서 제게는
'살고싶다! 제발 살려달라!' 는 김선일씨의 절규가
오직 살고 싶은 한 생명의 태초의 울음이었고,
바로 하나님의 목소리, 부처님의 목소리로 들렸습니다.
'살려달라' 는 절절한 외침보다 더 소중한 그 무엇이 있을까요?

김선일씨를 포함한 무고한 사람들의 억울하고 헛된 죽음을
막지 못하고 있는 우리의 현실이 안타깝지만,
그 분의 장례식에 씌어졌던 '나는 이라크를 사랑합니다' 란 문구가
하나님의 또 다른 말씀으로 다가왔습니다.

원기 89년 7월 17일

# 이건 아니다

가족들과 함께 외식을 하러 갑니다. 즐거운 마음으로.
그런데 그만 여기서 먹을까 저기서 먹을까 이야기하다가 다투고 맙니다.
마음속으로 '이게 아닌데…' 하지요.

사랑하는 사람과 함께할 보금자리를 마련하려고 노력 합니다.
10평에서 20평으로, 20평에서 다시 30평짜리 집으로.
그런데 사랑하는 사람과의 사이는 서먹해지고 행복은 멀어져 간다면,
넓은 집 거실에서 지내온 세월을 후회한다면 '이건 아니죠.'

이라크 전쟁에서 민간인 희생자가 사망자만 1만 명이 넘었답니다.
그런데 미국의회에선 이 전쟁이 거짓된 정보에서 시작된 잘못된 전쟁이라고 결정을 했답니다.
정말 '이건 아닙니다.'
학생들이 낮은 성적을 비관해서 자살을 합니다.

어른들도 자신의 명예를 지킨다고 한강에서 투신을 합니다.
가만히 생각해봅니다.
학교는 왜 다니며, 시험은 왜 보는지…
사업은 왜 하는지, 명예는 왜 필요한 것인지…

내가 지금 하고 있는 행동, 심신작용, 일의 의미는 무엇인지
늘 되짚어보지 않고 하루하루를 분주히 살다보면
우리도 언젠가 '이건 아니다.' 라고 씌어진
커다란 표지판을 만날지 모릅니다.

밥은 왜 먹는지, 자동차는 왜 사는지, 집은 왜 마련하는지…
공부는 왜 하는지, 결혼은 왜 하는지, 돈은 왜 버는지…
늘 묻고 또 물어야겠습니다. 누구보다도 먼저 자신에게.

원기 89년 7월 13일

# 자전거 타기

● 자전거를 처음 타는 사람에게 말합니다. 뒤에서 안장을 잡은채.
중심을 잡고, 발에 힘주고, 왼쪽으로 기울면 오른쪽으로,
오른쪽으로 기울면 왼쪽으로 손잡이를 돌려요!
하지만 중심을 잡기란 쉬운 일이 아닙니다.
손잡이를 오른쪽으로 돌리면 오른쪽으로 넘어지고,
왼쪽으로 돌리면 왼쪽으로 넘어집니다.

온몸에 힘을 주고 중심을 잡으려 하지만
자전거는 앞으로 나가지 않습니다.
차라리 걸어가는 것이 낫겠다고 합니다.
하지만!
자전거를 제대로 탈 줄만 알면, 그 감(感)만 잡으면!
걷는 것보다 훨씬 편하게 길을 갑니다.
왼 쪽으로도 갈 수 있고, 오른 쪽으로도 갈 수 있습니다.
큰 돌이 있으면 돌아서 갑니다.

자전거와 한 몸이 되어서 유유자적합니다.
휘파람을 불면서 하늘을 볼 수도 있고
인적이 드문 곳에선 손잡이를 놓고도 탈 수 있습니다.
뒤에 사랑하는 사람을 태우고 갈 수도 있습니다.

왜 장황하게 자전거 타는 이야기를 하느냐구요?
'마음공부' 도 꼭 같기 때문입니다.
중심을 잡기 전에는 이리 기울고 저리 기울며 힘들지만
제대로 감만 잡으면 새로운 경지가 열립니다.
새로운 세상을 만날 수 있습니다.
하지만 마음공부도 땀 흘려 배우는 과정이 있어야 합니다.
당연한 이 사실을 다시 한 번 마음에 새겨야겠습니다.

원기 89년 6월 26일

# 마음 등불

마음이 어두운 이를 만나면
내 마음도 어두워집니다.
마음이 거친 사람을 만나면
내 마음도 서걱서걱합니다.
마음이 좁은 사람을 만나면
내 마음까지 답답합니다.
마음에 상처가 많은 사람을 만나면
내 마음도 쓰리고 아픕니다.
마음이 밝은 사람을 만나면
별 말이 없어도 내 마음도 환하게 밝아집니다.

내가 그러니 또 다른 나, 당신도 그러시겠지요.

내가 화를 내면

당신 마음도 편안치 못하고,
내가 우울해하면
당신 마음도 밝지 못하겠지요.
내가 불행해하는데
당신만 행복할 수는 없겠지요.
내 마음에 먼지가 이는데
당신 마음만 촉촉할 수는 없겠지요.

대종사님 크게 깨달으신 대각의 달 4월에
꺼지지 않는 등불 하나 마음에 밝히고
환한 마음으로 살고 싶습니다.
나도 환~하고 당신도 환~하게!

원기 89년 4월 25일

# 삼밭재에서

아! 어쩌면 이럴 수 있나요?

봄을 맞은 산천에 꿈틀거리는 생의 기운이 가득합니다.
나뭇가지 하나 하나마다 수많은 움이 트고 있습니다.
움 하나 하나가 신비롭고
나무 하나 하나가 부활이고
산하대지가 모두 한 생명입니다.
터져나오는 생의 함성으로 귀가 먹먹할 지경입니다.

대종사님 소년시절 산신령 만나시려 기도하시다가
대각의 기틀을 마련하셨던 이 곳에서
맛있게 하룻밤을 자고 다시 맞은 아침에
기도실 문을 열고 조용히 앉습니다.
눈 아래로는 산들이 꿈틀대고

수천, 수만, 수억의 나무들이 일제히 생명을 뿜어내고 있습니다.
산새들 소리 더없이 맑고
머리 위 새벽 하늘엔 조각달이 말없이 빛납니다.

기도실 법신불 일원상을 뒤로 하고
싱그러운 산천 바라보며 앉았습니다.
아름답고 아름답습니다.
신비롭고 신비롭습니다.
지금 이대로…
하하 … 내려가기 싫습니다.

원기 89년 4월 17일

# 천연염색

강황, 울금, 대황.

낯선 한약재를 큰 솥에 넣고 끓입니다.
노란색, 진노란색, 고동색 물이 나옵니다.
적은 양이 아니어서 세 가지 약재를
끓이는 일이 보통이 아닙니다.
밤늦게 끓이고 있는데 아직도 재탕, 삼탕을 해야 하니
오늘 밤 교당 식구들 잠이 모자라게 생겼습니다.
말로만 듣던 천연염색을 한다고
모두들 즐겁게 부산을 떨고 있습니다.
내일이면 '원불교 동그라미 자원봉사대' 라는 이름으로
수 십 명의 학생들이 모여서
법회도 보고, 자원봉사도 하고
체험활동으로 천연염색도 할 계획 때문입니다.

오늘 밤 아이들은 흰색 옷을 준비하겠지요.
처음 만나는 천연 염료에 흰 옷을 담그고 신기해 할 것입니다.
저도 흰색 옷을 하나 준비해서 염색을 해봐야겠습니다.
저도 처음해보는 천연염색이 기대되지만
사실 제 마음을 더 두근거리게 하는 것은 처음으로 만날 아이들입니다.
아이들은 옷을 염색하겠지만
저와 교무들은 아이들을 곱게 염색해야하기 때문입니다.
아이들의 마음을 곱고 아름답게 염색할 수 있을지…
원래 순결하고, 완전하고, 아름다운 그들의 마음 그대로.
할 수 만 있다면 모두 훌륭한 사람, 부처님의 인격으로
무 · 공 · 해 · 천 · 연 · 염 · 색 · 을 하고 싶습니다.

원기 89년 4월 2일

# 작은 숨소리

초저녁부터 잠자리에 드신 할아버지들이 참 조그맣습니다.
화장실 가실 때 어둡지 않도록
어두운 방에 취침등을 하나 밝혀놓고
나도 어르신들 옆 침대에 누워 잠을 청합니다.
같은 집이지만 잠자리가 바뀌니 몸이 뒤척뒤척합니다.
불편하고 누추했어도 정든 집을 떠나온 할아버지들은
의외로 조용히 주무십니다.
하지만 마음들은 어딘가를 돌아다니고 계실 것 같습니다.

어떤 인생을 사신 분들인지 …
아마도 굴곡 많고 힘든 경계를 많이 지내셨겠지요.
그리고 기쁘고 행복했던 순간도 많으셨겠지요.

밀려오는 잠결에 돌아가신 어머니 생각이 함께 옵니다.
와병중에 계실 때 곁에서 함께 잠을 잤더라면
어머니가 참 좋아하셨을 것을…

서로 처음인 두 분 어르신과 나, 이렇게 셋이서
같은 방에서 잠을 잡니다.
할아버지들의 작은 숨소리를 들으며…

'은혜마을' 의 첫날밤은 이렇게 깊어갔습니다.

원기 89년 3월 23일

# 지키기 힘든 약속

어떤 사람을 보면 자신감에 넘치고
어떤 사람을 보면 늘 자신 없어 합니다.
왜 그럴까 생각해보았습니다.
제게도 중요한 일이니까요.

이 생각 저 생각 하다가
'자신감(自信感)' 이란 글자 그대로가 답이로구나 하는 답을 얻었습니다.
자신감이란 스스로를 믿는 데서 시작되는 것이고
나를 의심하지 않는 데서 시작되는 것이었습니다.

하지만 그 것이 그리 쉬운 일은 아닙니다.
내가 나를 속이고
내가 한 약속을 가장 먼저 어기는 주인공이 바로 '나' 입니다.

그래서 이 세상에서 제일 지키기 힘든 약속은
'나'와의 약속입니다.
누가 나와의 약속을 지키지 않았다고 하기 전에
나는 나와의 약속을 잘 지키고 있는지부터 뒤돌아 볼 일입니다.
오늘 아침에도 기도를 하면서
많은 원을 법신불 사은님께 빌었습니다.
하지만 그 원을 이뤄달라고 하기 전에
그러기 전에…
내가 지키기로 한 약속들은 잘 지키고 있는지
서늘하게 돌아볼 일이었습니다.
내 자신감의 기초가 놓일 자리가 바로 여기였습니다.

원기 89년 2월 28일

# 절망 또는 희망

● 며칠 전 차를 운전하며
전곡역 앞에서 시장 쪽으로 나오는 중이었습니다.

젊은 아주머니 한 분이 돗자리를 펴는 것이 눈에 들어왔습니다.
등산용으로 쓰는 은빛 비닐 자리를
한 겨울 차가운 길바닥 위에 펴고 있었습니다.
장날이었던 모양입니다.

차가운 보도 블럭 위에 펼치는 은빛 자리…

한 평의 점포도 없이 장사를 해야하는 초라함과 궁색함,
눈부시게 빛나는 은빛 비닐 자리의 당당함.
절망일 수도 있고 희망일 수도 있을 것입니다.

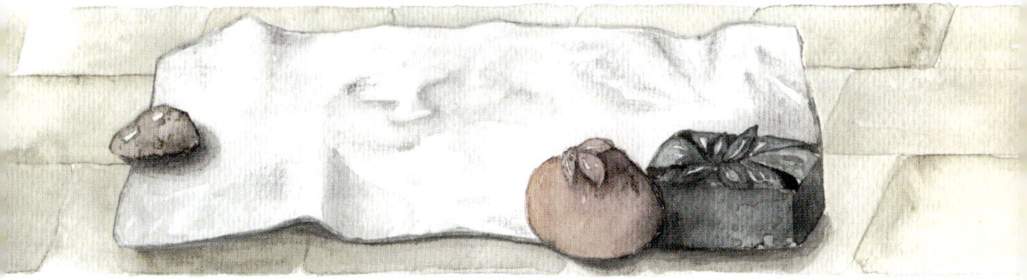

제가 본 그날의 은빛 자리는
뜨거운 희망이었습니다.
절망이었다면…
그 은빛 자리는 펼쳐지지 않았을 것이기 때문입니다.

오늘도 내일도 꿋꿋하게
차가운 길바닥에 은빛 자리를 펼
아주머니의 마음을 느끼며
한 해를 잘 살아야겠다는 다짐을 했습니다.

원기 89년 1월 31일

## 밤기운 차가운데

오랜만에 편지를 드립니다.

저는 '은혜마을'(노인전문요양원) 신축 일로 매우 바쁘게 지내고 있습니다.

바쁜 가운데도 마음속으로는 여러 통의 편지를 썼지만
차분히 종이에 옮기지는 못했습니다.
모두 평안하시고 행복하시길 기원하고 있습니다.

요즘 낮이면 일꾼들이 북적이는 은대리지만
밤이면 아주 적막한 곳이 은대리입니다.
서리가 내려 서걱거리는 교당 잔디를 밟으며 외등을 밝히러 가는데
밤하늘의 별들이 참 아름답습니다.
그런데 그 별 빛이 좀 슬프기도 하더군요.
아마도 아름다움과 슬픔은 서로 짝하고 있는 것인지…

적적하고 차가운 밤기운 속에서
눈은 밤하늘을 보고
마음은 나를 봅니다.
물끄러미.
나는 이곳에 왜 서 있는지
내 삶의 하루하루를 무엇과 바꾸고 있는지
한 낮의 분주함이 어떤 의미를 가지고 있는지…
물끄러미 들여다봅니다.

밤 기운 차가운데
별 빛 가득한 하늘 우물을 좀 더 들여다 보아야겠습니다.

원기 88년 11월 17일

# 마음 편한 걸레

지하철에서 무심히 승객들을 봅니다.
어떤 사람은 차림새가 깨끗하고
어떤 사람은 깨끗하지 않습니다.

스치는 한 생각, 과연 그런가?
청결한 외모와 깔끔한 차림새를 한 사람이 깨끗한 사람인가?
그렇다면…
늘 지저분한 곳을 치우고 닦느라 몸과 차림새가 더러운 사람은
깨끗한 사람이라고 해야 하나?
더러운 사람이라고 해야 하나?

머릿속으로 출가 당시 처음 입었던 하얀색 법복이 떠오르고
이미 열반에 드신 대산 종사님께

"이 법복을 걸레 삼아 열심히 청소하는 사람이 되겠습니다."라고
말씀드렸던 기억이 살아납니다.

몸과 마음이 지치려는 내게 한 마디 합니다.
'그래! 마음은 깨끗이 하고, 몸은 더럽히자.'
'법복을 걸레 삼아 열심히 일하자!'

이런 다짐을 하니
몸의 피곤함도 좀 가시는 것 같고
마음도 편해집니다.
하하! 오늘은 '마음 편한 걸레' 되기를 기원하는 날이었습니다.

원기 88년 9월 20일

## 성직(聖職)

'아름다운 역무원 김행균(42세)'
얼마 전 신문기사 제목입니다.
기억나시죠?
영등포역에서 어린이를 구하고 두 발목을 잃은 역무원.

'살신성인(殺身成仁)' 그대로를 보여준 그 분 소식을 듣고
많은 생각이 스쳤습니다.
성직은 그 직업이나 직책에 있지 않구나,
그 마음과 행동이 성스러우면 그 것이 성직이구나.
하는 생각이 가장 먼저 들었습니다.

그리고 든 생각.
'과연 나는 그렇게 할 수 있을까?
수술이 끝난 뒤에도 아이의 안부를 먼저 물었다는 이야기에
'과연 나는 그렇게 할 수 있을까?'

또 다시 내 자신에게 묻지 않을 수 없었습니다.

그 분의 마음을 읽어 봅니다.
감히 말하건대
한 번 먹은 마음, 두 세 번 다진 마음이 아닙니다.
그래서는 그런 행동이 나올 수 없습니다.
하루에도 수 백 번, 수 천 번
책임을 다하고 희생하겠다는 마음을 다지고 다졌을 것입니다.
뭉치고 또 뭉쳐서 단심(丹心)이 되지 않고는
그런 행동이 나올 수 없습니다.

진정한 성직을 수행하신 이 분께
두 손 모아 경배 드립니다.

원기 88년 8월 9일

# 탱크를 보며

굉음(轟音)을 내며 탱크(전차)가 지나갑니다.

수년 전 전곡에 왔을 때부터 탱크를 자주 보게 되었습니다.
꼭두새벽에도 탱크 소리가 나서 창문을 열고
이게 무슨 소린가? 하고 내다보았던 기억이 있습니다.

38도선 이북인 전곡, 연천에서 탱크는 생활의 일부가 된 듯합니다.
며칠 전에도 길에서 수 십대의 탱크를 만나서
승용차로 그 뒤를 따르느라 마음이 급해졌던 일이 있습니다.

그런데 이틀 전인가요.
포천 가는 길에서 또 탱크를 마주쳤는데
그 탱크를 보는 마음이 참 묘했습니다.
국방을 책임지는 든든한 무기로 볼 수 있고,
무심히 지나가는 교통수단으로 지나칠 수도 있으련만,

그날 저에겐 유난스럽게도 '불신 덩어리' 로 보였습니다.
'업(業) 덩어리' 로 보였습니다.

사람이 사람을 믿지 못하는 불신의 마음.
서로를 미워하는 증오의 마음.
나는 지키고 누군가를 공격하려는 마음들이 뭉치고 뭉쳐서
결국은 저렇게 무거운 철갑을 두른 이상한 몰골이 태어났구나.
그런 생각이 들었습니다.

저런 물건이 지구상에 꼭 있어야 하나?
나는 사람들에게 어떤 모양의 물건으로 보일까?
나는 다생(多生)을 통해 어떤 마음들이 뭉치고 뭉쳐서 태어난 물건일까?
핸들을 잡고 이런 생각에 잠겼습니다.

원기 88년 6월 30일

## 지나온 자리

가끔 휴대전화를 찾습니다.
늘 가지고 다니는 것 같은데
'어디다 두었지?' 하고 찾게 됩니다.
잘 찾아지지 않으면 결국 전화를 걸지요. 내가 내게.
벨 소리가 어디서 나나 하고 귀를 기울이는 자신이
너무 우습고 어이없습니다.

내게 전화 거는 방법을 쓰기 전에 하는 일은
되짚어 가는 것이죠.
이 방에 오기 전에, 옷 갈아입었지, 컴퓨터 작업하다가 …
그 전에 법당에 갔었지, 그 전엔, 내 방에 있었는데…
휴대 전화만이 아니라

내가 지나온 자리에 두고 온 것이나 흘린 것이
한 두 가지겠습니까?
벗어놓은 양말도 제자리에 있지 않고,
흙 묻은 운동화는 목욕시켜달라고 하는데도 못 본 척하고
……

해야 할 일도 못하고 남겨 놓은 것이 너무나 많고,
어질러 놓고 흩어 놓은 것들이 마음에 걸립니다.
더구나 보이지 않는 것까지 살피면 마음에 걸리는 것이 더 많습니다.
소중한 인연들 마음에 상처도 많이 냈고,
누가 알까봐 숨기고 싶은 것들도 있고…

세월이 더 지나서 지나온 자리를 뒤돌아 볼 때
좀 더 맑고, 밝고, 훈훈한 자리였으면 좋겠습니다.
보은의 땀방울을 흘린 보람된 자리였으면 좋겠습니다.
돌아보며 미소를 지을 수 있는 그런 자리였으면 좋겠습니다.
……

오늘도 언젠가 '지나온 자리' 가 될 터이니
오늘도 열심히 살아야겠습니다.
작은 물건도 자꾸 흘리지 말고, 청소도 잘하며.

원기 88년 6월 14일

# 누구신가요?

● 잠든 나를 깨우는 시계 종소리에
일어날 것인가 말 것인가
저울질하는 그 주인공.

어제와 똑 같은 음식을 먹으며
맛있게도 먹고, 맛없게도 먹는
그 주인공.

누군가 내게 던진 한마디 말에
화를 낼 수도, 내지 않을 수도 있는
그 주인공.
오늘이 어제와 크게 다르지 않건만

보람차다 하고, 허탈하다고도 하는
그 주인공.

대낮에도 암흑 속에 빠져 허우적대고
칠흑 같은 어둠 속에서도 찬란한 광명을 발견하는
그 주인공.

아무 것도 새롭지 않다고 시큰둥해 하고
모든 것이 새롭다고 흥미진진해 하는
그 주인공.

힘든 일도 찾아서 하고
어떤 때는 지금 무슨 일을 하는지도 모르는
그 주인공.

나를 행복하게도 하고
나를 불행하게도 하는
그 주인공.
당신은 누구신가요?

원기 88년 6월 8일

# 하나를 놓으면

보름밤
밝은 가로등을 끄면
보름달이 더욱 밝게 다가옵니다.

은대리에선
텔레비전과 라디오를 끄면
산새들 소리가 들려옵니다.

오늘도 마음을 들여다보니
하고 싶은 것들이 가득합니다.
붙잡고 싶은 것들이 가득합니다.
다 붙잡을 수도 없습니다.
하나를 놓지 않으면
다른 하나를 잡을 수 없는 것도 있습니다.

과식을 하면서 날씬하기를 바라거나,
게으르면서 건강하기를 바라거나,
땀 흘려 노력하지 않으면서 이루기를 바라거나,
마음공부 하지 않으면서 마음의 평화를 바라거나,
베풀지 않으면서 복 받기를 바라거나…
나를 변화시키고 싶다면,
무언가 새로운 것을 원한다면,
좀 더 나아지길 원한다면,
내가 잡고 있는 것들을 살펴보아야겠습니다.
오늘도 생각합니다.
부질없이 붙잡고 있는 것은 없는가?
무엇을 놓을 것인가?

원기 88년 5월 24일

# 연등(蓮燈)은 어디에?

● 연등,
불 밝힌 연등, 참 아름답습니다.
마음이 환해집니다.
보고만 있어도 그러니
연등의 공덕이 참 대단합니다.
손으로는 하나하나 연등을 만들며
마음속으론 하나하나 연등을 나눠봅니다.

몇 가닥의 철사,
약간의 풀,
약간의 한지,

물들인 연꽃잎,
만드는 사람의 수고로움…
작은 것들이 모여서 연등은 이뤄집니다.

하찮아 보이는 것들이 모여서
신비로운 아름다움을 이룹니다.

연등처럼 우리 삶도
밥 먹고, 잠자고,
일하고, 공부하고,
쉬고, 사람들 만나고…
참 싱겁긴 마찬가진데…

이런 것들이 하나 둘 모여서
연등 같은 아름다움을 이룰 수 있을지 생각해봅니다.

원기 88년 5월 1일

# 재미있으십니까?

사람들은 만나서 인사를 나누며 서로 묻곤 합니다.
'재미있으십니까?'
그런데 그 '재미' 속엔 무엇이 들어갈까요?
맛난 음식?
새 자동차?
더 넓어진 아파트?
아이들의 재롱?
주식의 오름?
취미생활?

저도 가만히 생각해보았습니다.
이런 저런 것들이 많이 있었지만
그 가운데는 '고치는 기쁨' 이 있었습니다.
내가 나를 고치는 즐거움입니다.

내 말을 잘 듣지 않던 나를 고치는 것, 쉽지 않습니다.
내 마음을 배신하는 또 다른 내 마음을 다스리는 일,
역시 쉽지 않습니다.
하지만 잘 고치기만 하면 그 기쁨은 무엇과 비할 바가 아닙니다.
자동차나 텔레비전이 고장 나면 즉시 고치면서도
정작 나는 고장 난 마음을 고치지 않거나
고장 난 자신을 방치하고 살고 있지는 않은지 반성합니다.

이 세상 어떤 재미도 계속될 수는 없으나
이 재미는 끝이 없습니다.
다른 재미는 재미로 끝나는 수가 많으나
이 재미는 세상을 아름답고 은혜롭게 합니다.

원기 88년 4월 18일

# 어리석은 짓

● 미국이 이라크를 침공했습니다.

세계 인구 중 미국이 차지하는 인구는 6%이지만
그들이 세계의 부(富) 50% 정도를 가지고 있습니다.
그들이 세계 2위의 석유 보유국인 이라크를 침공했습니다.

지난 걸프전에서 서양연합군에 의해 죽은 민간인은
약 3만5천명으로 추산되는데
이라크 군인들은 서양연합군 군대를 1명도 죽이지 못했습니다.

1997년 이래 이라크에 대한 경제제재로 죽어간 어린이의 숫자는
약 75만명으로 추산됩니다.

미국이 보유한 핵탄두는 1만개 이상입니다.
이스라엘은 4백개 이상의 핵탄두를 가지고 있습니다.

반면에 이라크는 1개의 핵탄두도 가지고 있지 못합니다.

……

이밖에도 놀라운 통계는 많이 있습니다.

도무지 이해가 되지 않는 살육이 벌어지고 있습니다.

교당 앞뜰에는 파란 풀들이 고개를 내밀고

먼 산자락엔 보얗게 봄기운이 감도는 생명의 계절에

우리는 어이없는 만행을 보고 있습니다.

정말 어리석은 짓입니다.

'이제는 천하가 한 집안 되는 때라,

앞으로는 어떤 지도자든지 세계주의로 나아가야 크게 성공하리라.

세계 사업을 하는 이는 각국 사람을 고루 생각해 주고,

세세 생생 세계 평화를 책임지고 나아가야 하나니라.' 하신

정산종사님의 말씀이 새롭습니다.

원기 88년 3월 27일

# 사랑한다고…

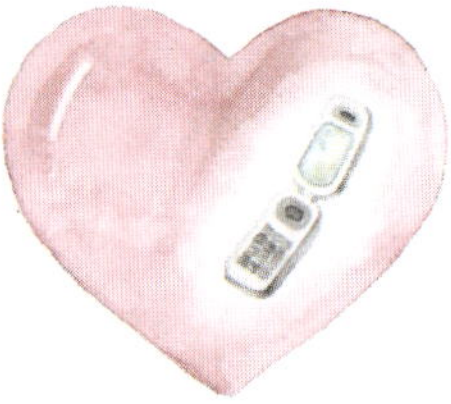

열차를 타고

또 지하철로 갈아타고 서울을 다녀왔습니다.
함께 탄 사람들이 새삼스러웠습니다.
대구의 지하철 사고 소식 때문일 것입니다.
신문을 보면서 텔레비전을 보면서 몇 번 울었습니다.
울지 않을 수 없더군요.

몇 명이 사망했다는 기사가 아니라
마지막 통화 내용들을 보면서 울음을 참을 수 없었습니다.
모두들 가장 사랑하는 가족들에게 전화를 했더군요.
그리고 '사랑해…' 라고 마지막 마음을 전했더군요.

오늘 저녁엔 텔레비전을 틀었더니
열린음악회가 나오더군요.
대구 참사의 피해자들을 기리는 추모음악회였습니다.
가수 인순이씨가 나와 노랠 부르는데
그 곡은 오래 전 김추자씨의 노래였지요.

'사랑한다고 말할걸 그랬지…' 라는 가사로 시작하는 노래죠.
'님이 아니면 못산다 할 것을…' 로 이어지는.

말하고 싶었지만 못했던 말,
너무 당연해서 잊고 지냈던 말,
우리 마음속에 있는지 조차 모르고 지내던 말,
'사랑한다 …'

저는 이 노래가 그렇게 슬픈 노래인지 몰랐습니다.
이 노래를 들으며, 유가족들의 눈물을 보며 마음에 새깁니다.

'늦기 전에 더 사랑하자.'
'늦기 전에 사랑한다고 말하자.'

원기 88년 2월 23일

# 묵은 청소

며칠 동안 출장을 다녀와서 청소를 했습니다.
어질러진 것들을 정리하고,
물걸레로 바닥을 닦고…
평소에 잘 닦지 않던 구석구석까지 청소하려니
시간이 오래 걸렸습니다.
그러다가 욕실 세면기를 닦기 시작했습니다.
방송에서 선전하는 특수한(?) 세제를 이용해서 박박 닦았습니다.
신기하게도 잘 닦이더군요.
열 평 정도의 크지 않은 공간을 청소하는데 2시간이 넘게 걸렸습니다.

제자리를 찾지 못하고 놓여있는 물건들,
긴요히 쓸 것처럼 마련해놓고 쓰지 않는 물건들,
있는 지도 모르게 구석에 박혀 있던 물건들,
보이지 않는 곳에 쌓인 엄청난 먼지들,
아무리 특수한(?) 세제로 닦아도 결국은 닦이지 않는 얼룩들…
이런 것들이 제게 법문을 하는 듯 합니다.

삶을 제자리에 놓고,
불필요한 일들은 하지 말고,
무엇이든 잘 살려 쓰고,
마음 속 보이지 않는 곳도 잘 닦고,
미리 미리 닦아서 얼룩이 굳어지지 않게 하라고…

청소를 하면서 다시 한 번 느꼈습니다.
내 신앙과 수행이 아직도 멀었다고.

새 해를 맞기 위해 해야 할 것이 많지만
틈을 내서 청소를 더 해야겠다고 다짐을 해봅니다.
내 방 만이 아니라 교당 구석구석까지.

원기 87년 12월 24일

# 보따리

● 겨울이 깊어가고 있습니다.

겨울은 밤이 길어서 좋습니다.
긴 겨울밤은 지나온 삶을 돌아보게 하고
어둔 겨울밤은 마음을 밝히는 좋은 배경이 되곤 합니다.
겨울은 또 추워서 좋습니다.
우리들로 하여금 따뜻함을 찾도록 하기 때문입니다.
또, 멀리 있는 인연들도 그리워하게 합니다.

숨 가쁜 일들을 어느 정도 마무리하고 맞이한
40대 중반의 겨울은 여러 가지를 생각하게 합니다.
'생사의 문제를 해결하는데는 조만(早晩)이 따로 없지마는
나이가 사십이 넘으면 죽어가는 보따리를 챙기기 시작하여야
죽어갈 때에 바쁜 걸음을 치지 아니하리라.' 는
소태산 대종사님의 말씀이 아니어도
지나온 삶과 앞으로의 삶을 찬찬히 음미하게 합니다.
부지런히 먼 길을 왔건만

진정 내가 가고자 했던 곳에 와 있는지,
정말 하고 싶은 일을 하고 있는지,
이루고 싶은 모습을 이루고 있는지….
뒤돌아보게 합니다.

내 인생의 보따리를 이제 좀 내려놓고
그 속에 든 것들 하나하나 꺼내 놓으며
무엇을 다시 담을 것인지, 무엇을 덜어놓을 것인지
……
소중한 것들은 무겁더라도 소중히 가져갈 일이고
무언가를 비웠다면 홀가분해서 좋을 것이고
비운만큼 새로운 것 채울 수 있어서 좋을 것입니다.
내 삶의 보따리를 가만히 풀어놓고
이 생각 저 생각 해보는 겨울의 긴 밤은
어둡고 깊어서 은혜롭습니다.

원기 87년 12월 8일

# 향(香)을 사르지 않아도

조용한 법당에 들어서는데
그윽한 향기가 가득합니다.
잠시 이 이름 모를 향기를 찾다가 불단을 보았습니다.
불단에 놓인 난(蘭)이 꽃망울을 터뜨렸습니다.
사람들의 왕래가 뜸한 고요한 법당 가득히
은은한 난향을 채우고 있더군요.

늘 물만 먹는 난이 안쓰러워서
비료라도 주어야하나 하고 생각 중이었는데
보기에도 아까운 꽃을 피우고
혼자 느끼기 정말 아까운 향기를 뿜고 있습니다.

혼자서 기도를 하며 향을 사르려
향통의 향을 집다가 그만두었습니다.
난꽃 향내 그윽한 불단 앞에서 또 다른 향을 사른다는 것이
부질없었습니다.

소리 없이 꽃을 피우고
은은하고 깊은 향을 전하는 난(蘭) 앞에서
참 많은 것을 느끼고 생각했습니다.
그리고 많이 부끄러웠습니다.

원기 87년 11월 17일

# 무엇을 바를 것인가?

가까운 분이 저에게 해준 이야기입니다.

"30대 초반까지 화장을 하지 않고 지냈습니다.
그러다가 어느 날 언뜻 상점 거울에 비친 모습을 보고
불현듯 화장을 해야겠다고 느꼈습니다.
그렇게 화장을 하고 십 년 넘게 잘 살아왔는데
40대 초반인 지금 또 다시 얼굴을 가리고 싶어졌습니다.
그런데 이제 예전과 달리 화장을 더 해서 바를 수도 없습니다.
교무님 무엇을 더 발라야 할까요?"

저는 이 물음에 대답하기 어려웠습니다.
말하기 어려워서가 아니라

그 분의 마음 고통이 헤아려졌기 때문입니다.

그렇습니다.

화장(化粧)으로 가릴 수 있는 것은 겨우 얼굴 피부 정도겠지요.

화장으로 가리고 치장할 수 있는 것은 한계가 있습니다.

시간이 갈수록 화장은 한계를 드러내고

시간이 지날수록 내 삶은 바닥을 드러냅니다.

무엇인가 가리기 위해 애쓰지 않아도,

무엇인가를 드러내기 위해 애쓰지 않아도 되는 삶.

편안하고 아름다운 삶을 생각합니다.

원기 87년 9월 30일

# 마음 가을

어김없이 가을이 옵니다.
아니, 어김없이 가을이 왔습니다.
아침저녁으로 서늘한 기운이 완연하고
법당 밖으로 들리는 벌레소리도 여름과는 사뭇 다르게 들립니다.
늘 그렇지만 가을은 지나간 일년을 돌아보게 합니다.
그러다 보면 일년이 아니라 인생을 돌아보게도 합니다.
나를 비롯해 주변도 많이들 변했고,
어찌 보면 아무것도 변하지 않은 것 같기도 하고…
인생의 생 · 로 · 병 · 사와 봄 · 여름 · 가을 · 겨울이 맞물려
여러 가지 상념을 불러옵니다.

가을을 수확의 계절이라고 하지만,
지난 여름 제대로 땀 흘리지 않은 농부처럼
수확의 계절에 마음이 좀 무겁기도 합니다.
무언가를 정리해야 하는데 아직도 준비를 하고 있고,
무언가를 다시 시작해야 하나? 하고

서성거리는 마음도 있는 것 같습니다.
뒤돌아보니 뿌듯함보다는 회한이 많을 수도 있고,

정작 빠뜨리지 말아야 할 것을 빠뜨렸음을 발견할 수도 있습니다.
……

저는 이런 가을이 정당하다고 봅니다.
이런 가을맞이가 참 은혜롭다고 봅니다.
후회도 하고, 반성도 하고, 눈물도 글썽이는 가을…
이런 가을도 참으로 은혜롭습니다.
그리고 다행인 것은,
천지의 가을은 어김없이 겨울로 이어지지만,
마음의 가을은 늘 씨뿌리는 봄이 될 수 있음입니다.

빠뜨렸으면 챙기면 되고,
늦었으면 시작하면 됩니다.
잘못했으면 고치면 되고,
하고 싶으면 하면 됩니다.
그래서 마음 가을은 수확과 동시에
씨뿌리는 계절입니다.

원기 87년 8월 26일

# 목숨 걸기

자장면을 먹고 있는 사람에게 질문 하나 던져볼까요?
"지금 목숨 걸고 자장면을 드시나요?"
함께 길을 가는 젊은 부부에게 질문 또 하나.
"지금 목숨 걸고 가시는 중인가요?"
땀 흘리며 집을 짓고 있는 아저씨에게도 질문해볼까요?
"지금 목숨 걸고 집을 짓고 계신가요?"
핏대를 세우고 싸움하는 분들이 계시군요.
이 분들에게도 질문 하나 드리죠.
"지금 목숨 걸고 싸우고 계시나요?"
……
좀 짓궂은 질문입니다.
그러나 생각해볼 일입니다.
사실은 내가 언제 이 세상을 떠날지 알 수 없습니다.
그러니 우리는 지금 목숨을 걸고 살고 있는 것과 다름없습니다.
지금 이 순간이 참으로 소중합니다.

자장면도 좀 더 맛있게 먹고,
옆 사람의 손도 더욱 꼭 잡아야하겠습니다.
진심으로, 열심히, 가치 있는 삶을 살아야겠습니다.
이렇게 보면 또 하지 말아야 할 일도 눈에 보입니다.
누군가를 미워하거나, 불필요하게 다투거나 하는 일들.
돌이켜보면 '내가 왜 그런 짓을 했지?' 하고 후회되는 일도 있습니다.
사실 이런 것들이 우리의 소중한 목숨을 빼앗아 가고 있는 셈입니다.
아무도 눈치 채지 못하고 야금야금 소리 없이 말이죠.
하지 않아도 될 일에 몸과 마음과 시간을 사용하는 것은
내 목숨을 가치 없는 일에 바치는 것과 같고,
해야 할 정당한 일에 몸과 마음과 시간을 쓰는 것은
내 목숨을 다해 살아가는 것이 됩니다.
독립투사나 순교자 같은 분들만이 목숨을 바쳐서 사는 것은 아닙니다.
사실은 우리 모두 지금 한 목숨 바쳐 살고 있는 것 아닐까요?

원기 87년 8월 19일

# 착하게 사는데…

어느 분이 이런 물음을 했답니다.
"착하게 열심히 사는데
나는 왜 이렇게 어렵게 사는지 모르겠다…"
아마 이런 궁금함을 가지고 사는 분들이 많을 것 같습니다.
저 역시 그런 생각을 하곤 했습니다.
원불교의 인과(因果)의 이치에 따라 설명을 하자면 이렇습니다.
원인이 있으면 결과가 있게 마련인데
그 사이엔 시간과 여건 등이 필요한 것이죠.
예컨대 아침에 밥을 먹고 논으로 나가는 농부의 경우를 생각해 봅니다.
그가 아침에 먹은 밥은 작년 농사로 거둔 쌀로 지은 것이지요.
그가 오늘 흘리는 땀의 대가는 가을이나 내년에 거둘 것입니다.
인과의 이치란 이런 것입니다.
오늘 비록 열심히 일하더라도 아침거리가 없을 수 있습니다.

작년에 지어놓은 것이 없다면 말입니다.
아주 간단한 비유를 해보았습니다.
사실 이런 이치는 거의 모든 사람들이 잘 알고 있는 것입니다.
그러나 이런 경우를 당해보면 흔들립니다.
알면서도 흔들립니다.
우리 모두 자신에게 물어보아야겠습니다.
"착하고 성실하게 살아도 별 것 없으니 아무렇게나 살까?"
앞에서, 시간과 여건을 기다려서 결과가 온다고 했지만
사실은 그 말도 전부는 아닙니다.
진정으로 착하고 성실히 살아간다면
그 결과는 바로 나타나기 시작합니다.
특히 우리 마음속에서부터.
그건 스스로 바로 알 수 있습니다.
바로 나의 변화이기 때문입니다.
……
오늘 아침을 굶었다고 해서 내년에도 굶을 수는 없지 않습니까?
이 물음에 대한 답이 우리의 운명을 바꿀 것입니다.
그 답은 정해져 있지 않습니다.
내가 선택할 뿐입니다.

원기 87년 7월 29일

# 기뻐할 자격

'대~한 민국'

우리나라가 떠들썩합니다.
월드컵 4강에 오른 축구 대표 팀이 자랑스럽습니다.
또 한마음으로 응원을 하는 '붉은악마'도 자랑스럽습니다.

눈물나게 감동적인 모습을 보면서 저는 이런 생각을 했습니다.
우리 선수들과 감독을 비롯한 선수단들은
기뻐할 자격이 있다고 말입니다.
5대0으로 지면서도 체력 훈련을 거듭했고
명확한 목표를 가지고 고통스런 훈련을 계속했습니다.
할 수 있다는 정신력을 가다듬으며 마음의 힘을 다졌습니다.
분명 우리 선수단은 기뻐할 만한 자격이 있다고 생각합니다.

우리 팀의 승리와 기쁨을 보면서
아주 간단한 진리를 다시 생각합니다.

원인에는 결과가 따르고,
결과에는 원인이 있다는 '인과의 진리' 입니다.
땀 흘리지 않고도 좋은 결과를 욕심내고,
나쁜 결과를 두고도 그 원인을 뒤돌아보지 않는다면
이는 진리에 어긋나겠지요.
나는 과연 땀 흘리지 않고도 달콤한 열매를 욕심내지는 않았는지,
빈약한 열매를 앞에 두고 누군가를 탓하지는 않았는지,
땀 흘리기보다는 요행이나 운을 기대하지는 않았는지 …

나는 과연 승리를 원할 만한 자격이 있는지
행복을 원할 만한 자격을 가졌는지
기뻐할 만한 자격을 가졌는지 생각해보는 계기가 되었습니다.
모두 승리하시고, 행복하시고, 기뻐하시는 삶이 되시기를 기원합니다.

원기 87년 6월 24일

# 작은 연등(蓮燈)

얼마 전부터 어렵게 사시는 이웃 두 분과 인연을 맺었습니다.
정신, 육신, 물질로 조금씩이라도 도와드려야겠다고 다짐하면서.

한 분은 고령의 할머니신데 기찻길 옆 작은 집에 홀로 계셔서
'기차길옆 할머니' 로 부르기로 했습니다.
또 한 분은 하반신 마비가 되신 젊은 가장이신데
일단 '휠체어 아저씨' 로 부르기로 했습니다.

넉넉지 못한 교당 살림살이를 핑계로 보은활동을 미루다 보면
한없이 미뤄질 것 같아서 시작은 했지만
아직 변변한 도움을 드리지 못하고 있습니다.
마음만 앞서서 이런 저런 궁리를 하다가
부처님 오신 날을 맞아 연등을 준비하면서 새로운 생각을 했습니다.
아주 작은 연등을 만들어 팔아보자는 생각입니다.

그리고 그 연등은 법당에 걸지 않고 각 가정에 가져가서
각 가정을 밝히도록 하자는 생각입니다.

부처님께 복을 비는 연등도
결국은 그 은혜가 모든 중생에게 돌아가지만
이 작은 연등은 곧 바로 그 은혜가 이웃에게 돌아가는 셈이지요.
작은 시작이지만 계속 이어가서 전곡교당의 전통으로 삼기로 했습니다.
종이컵에 종이 연꽃을 붙인 아주 작은 연등이 하나 둘 팔려나가
누군가의 책상 위에 놓이고 거실을 장식함과 동시에
'기찻길 옆 할머니' 에겐 깨끗한 내복과 반찬이 되고
'휠체어 아저씨' 댁엔 딸아이가 갖고 싶어 하는 컴퓨터가 되기를
법신불 사은님께 기원합니다.

새롭게 피어나는 이 연등들이 비록 아주 작아도
결코 꺼지거나 시들지 않는 마음의 연꽃으로 피어나기를
두 손 모아 간절히 기원합니다.

원기 87년 5월 14일

# 움

● 어제 밤에는 아침에 일어날 것을 걱정하며
　피곤한 몸으로 잠자리에 들었습니다.
오늘 아침엔 봄비가 내리는 가운데
어둡고 조용한 법당에 들어 불단에 초를 밝혔습니다.
조용히 좌선하고 기도하고 독경을 했습니다.
90분이 아주 빠르게 흘러갑니다.
몸과 마음이 싱그러워집니다.

법당을 나서 비 그쳐 봄기운 가득한 정원을 둘러봅니다.
싱싱하게 잎을 펼치고 꽃을 피운 나무들이 대견한데
추운 가을에 심은 나무들 가운데
아직도 잠자고 있는 나무들은 참 안타깝습니다.
그런데 죽은 줄 알았던 나무 밑동에서
좁쌀만 하게 돋아난 움이 무언가 말하고 있습니다.
'나 죽지 않았어요.'
'나 이렇게 살아있어요.'

가지를 꺾어보면
아주 말라버려서 딱딱 부러지던 나무인데…
죽지 않고 살아있었던 것입니다.

'이 추위를 이겨야 한다.'
'새 봄을 맞이하자.'

나무는 긴 겨우내 뿌리로 언 땅을 움켜쥐고
스스로에게 그렇게 다짐하고 또 했을 것 같습니다.

천지의 생기를 받고 늦은 움을 틔우는 나무를 보며
내 삶의 움을 생각합니다.
나무는 대지를 움켜쥐고 기운을 받는데
나는 무엇을 움켜쥐고 새로운 기운을 받고 있는지.

원기 87년 4월 30일

# 원래

교도님과 전화통화를 하면서 있었던 일입니다.

교도님이 누군가에게 아쉬운 이야기를 해야 해서
"힘들어도 교도님이 아쉬운 소리 좀 하세요." 했더니
교도님이 하시는 말씀,
"저는 원래 아쉬운 소리 못해요…"
저의 대답,
"원래 아쉬운 소리 못하는 사람은 없습니다 …"
"원래는 누구나 같습니다." 라고.
너무 강조하면 강요가 될 것 같아서 그만 했고
교도님은 그렇게 해보겠다고 어렵게 대답을 하고 통화를 마쳤습니다.

우리는 주변에서 흔히 봅니다.
'원래 내 성격이 그래 …'
'나 원래 그런 사람이야 …'
'나 원래 화를 잘 내잖아 …'
'나 원래 소심하잖아 …'
'원래 용기가 없어서…'

그런데 정말 그럴까 생각해봅니다.
비록 지금은 그럴지라도 원래부터 그랬을까요?
원래 대범하고, 원래 소심하고, 원래 고약하고, 원래 잘나고…

원래 자리, 본디 자리, 우리의 참 마음에는
그 어느 것도 없습니다.
오직 무한한 가능성만이 빛날 뿐입니다.
나머지는 모두 이 빛을 가리는 구름일 뿐입니다.
깨달으신 분들은 말씀하십니다.
그 원래 자리는 부처님이나 우리나 마찬가지라고.

'나' 라는 존재를 이렇게 저렇게 규정지으려 할 때
나에게 다시 한 번 물어야겠습니다.
'나는 원래 누구인가?'

원기 87년 4월 9일

# 천근만근

먼 길을 가거나, 힘든 일을 한 후에 말하지요,
'몸이 천근만근이다' 라고
몸이 아주 무겁게 느껴진다는 말이겠지요.

그런데 몸이 아니라 마음이
천근만근으로 느껴질 때가 있습니다.
누군가와 다투었을 때,
누군가를 미워할 때,
누군가의 오해를 사서 억울할 때,
분한 마음에 사로잡혔을 때,
마음에 납덩어리를 단 것 같고,
응어리가 생기는 것 같습니다.

다툰 사람과 화해를 하고,
미워했던 사람을 다시 은혜의 눈길로 바라볼 때,

오해를 풀고 서로 이해할 때,
분노의 감옥에서 벗어날 때,
천근만근 하던 마음은 온데 간데 없습니다.
걸리고 막혔던 것이 사라지고 마음은 가볍고 편안합니다.
아주 편하고 그윽합니다.

마음, 없는 것 같지만
마음의 무게에 짓눌려 제 모양을 잃는 삶이 부지기수입니다.
마음, 잘 보이지 않지만
마음의 자유로움으로, 삶을 기쁨으로 사는 사람 아주 많습니다.

오늘 오래된 어떤 오해가 풀려
천근만근 하는 마음의 무게를 덜고
새털같이 가벼운 마음을 갖게 되었습니다.
이같이 기쁜 날이 어디 있겠나 싶습니다.

이해와 용서를 주신 법신불 사은님께 감사드립니다.

원기 87년 3월 26일

# 마음 고르기

오늘도 마음을 고릅니다.

백화점의 상품들보다 훨씬 많은 내 마음들 가운데서
씀씀이에 맞을 마음을 고릅니다.
옷가게에서 이 색깔 저 색깔 옷을 고르듯이
알맞은 마음을 고릅니다.

누군가 내게 말을 걸어올 때
나는 대답을 생각하며 말을 고르지만
가만히 보면 말보다 마음을 고르는 것이 먼저입니다.
어제는 어떤 발표회에서 발표를 했습니다.
이런 저런 마음들을 준비했는데
준비한 것보다 더 거친 마음들이 입 밖으로 나갔습니다.
돌아오는 길에 마음이 무거웠습니다.
내 마음 상자 속에서 좀 더 부드러운 것을 고를 것을…
하는 후회의 느낌이 들었습니다.

백화점 백 개를 합친 것보다 더 많은 종류의 마음들 속에서
오늘도 저는 마음을 고릅니다.
나를 좋아하는 이에게는 이 마음을,
나를 싫어하는 이에게는 저 마음을,
가족과 친구들과 스치고 지나가는 인연들에게도
무슨 마음인가를 골라서 전하고 있습니다.

물건 고르기보다 훨씬 어려운 마음 고르기
오늘도 잘하고 있는지 뒤돌아봅니다.
봄옷을 골라야 하는데 겨울 외투를 고르지는 않았는지
오이를 찾는 이에게 호박을 주지는 않았는지
그러고도 잘 골라주었다고 생각하고 있지는 않은지…
우리 모두 마음을 잘 골라 쓰는 사람이면 좋겠습니다.

원기 87년 3월 19일

# 사실은

길이 멀어서 힘든 것이 아니라
내 힘이 부쳐서 길이 먼지도 모릅니다.

네가 미운 것이 아니라.
사실은 내가 미운지도 모릅니다.

누군가 나를 떠나가서 외로운 것이 아니라
내가 누군가를 떠나보내기 때문에 외로운지도 모릅니다.

다가올 미래가 불안하다고 말하지만
사실은 바로 지금이 불안한지도 모릅니다.

나를 속이는 세상이 두려운 것이 아니라
나를 속이는 내가 더 두려운지도 모릅니다.

사랑이 나를 비켜가는 것이 아니라

내가 사랑을 비켜가는지도 모릅니다.

젊은 사람들이 꿈을 꾸는 것이 아니라
꿈을 꾸는 사람이 바로 젊은 사람인지도 모릅니다.

감사할 일이 많아서 감사하기도 하지만
감사의 눈길로 보아야 감사할 일들이 보이는지도 모릅니다.

인생이 의미 있는 것이 아니라
의미를 찾아가는 것이 인생인지도 모릅니다.
오늘은 좀 뒤집어 보았습니다. 더 잘 보이나 싶어서…

창 밖, 들에선 움트는 소리가 들리는 듯 합니다.
봄이 와서 움이 트는지, 움이 터서 봄인지…하하하

원기 87년 3월 12일

# 고라니를 보며

은혜편지를 보내지 못할 정도로
마음도 바빴고 몸도 고단했습니다.
모두들 잘 지내시는지 아주 궁금합니다.

오늘 새벽엔 법당으로 향하는 내 발자국 소리에
고라니가 후다닥 놀라서 어둠 속으로 달아나더군요.
겨우내 보이지 않아서 혹시 죽지 않았나 걱정을 했는데
참 반가웠습니다.

은대리에서 고라니, 토끼, 족제비, 꿩들이 보이지 않으면
결국은 제가 이들을 쫓아낸 셈이 된다는 생각을 하니
제 삶의 방식을 다시 돌아보게 됩니다.
그러다가 또 내 품이 넓지 못해서
고라니처럼 멀어지는 인연들은 없는가 반성을 합니다.

마음을 넓히고,

마음의 깊이를 더하며,

마음을 밝히는 공부를 하지 않으면서

내  품을 넓힐 수는 없는 것 같습니다.

마음공부 잘 해서

나부터 넉넉하고,

인연들에게도 넉넉한 사람이 되어야겠다는 다짐을

새롭게 하면서

어느새 다가온 봄을 맞이합니다.

원기 87년 2월 26일

## 무엇으로

몸이 아프면 약을 먹습니다.
배가 고프면 밥을 먹고
목이 마르면 물을 마십니다.
추우면 옷을 껴입습니다.
다리가 아프면 의자에 앉아 쉽니다.

그런데
마음이 아프고,
마음이 허전할 때,
마음이 메마를 때,
마음이 추위를 탈 때,
마음이 쉬고자 할 때 …

나는 어떻게 하고 있는지
뒤돌아봅니다.

오늘 힘들어하는 마음을
어쩌지 못하고 있는데
주위의 인연들이 보내주는
응원이 힘이 되었습니다.
아무 대가 없이 보내주는
마음들을 받으며
그 분들의 마음에 보답하는 것이
법신불사은님께 보은하는 것이라는
생각을 했습니다.

다시 한 번 나는
무엇으로 사는지 돌아보는 하루였습니다.

원기 87년 2월 5일

# 가까이 한다는 것

● 겨울을 나면서 가끔씩 깜짝깜짝 놀랍니다.
손끝에서 느껴지는 정전기(靜電氣)의 방전현상 때문입니다.
깜짝 놀라면서 생각합니다.
'내 몸에서 정전기가 발생하고 있구나
아마 옷에서 마찰이 있었나보다'
하고 말입니다.
전기가 발생하는 것을 가까이 했구나 하고 생각하다가
한 생각을 더하게 됩니다.
나는 무엇을 가까이 하며 살고 있는지 말입니다.

새 해를 시작한지도 벌써 한 달이 다 되어갑니다.
시간이 참 빠르게 흘러갑니다.
늘 생각하는 것이지만

빠른 세월은 우리가 무언가 가치 있는 일을 하고자 할 때
더 빠르게 흘러가는 것 같습니다.
무상한 세월의 한 가운데서 생각해봅니다.
한 해를 설계하고 인생을 계획한다는 일은 무엇을 의미하는가?
그것은 어쩌면
무언가를 가까이 하기로 마음먹는 일이 아닌가 싶습니다.
무엇인가를 멀리하고 무언가를 가까이 한다는 것.
사소한 것 같지만 참으로 중요한 일입니다.
어떤 사람을 가까이 하고, 어떤 가르침을 가까이 하고,
어떤 장소를 가까이 하고, 어떤 마음을 가까이 할 것인지…
정전기로 깜짝 놀라면서 여기까지 생각이 다다랐습니다.

원기 87년(서기2002년) 1월 28일

## 청소년도서관

저는 오래 전부터

어린이와 학생들이 부모님과 함께 와서

책 읽고 산책하며 운동도 하고

신나게 뛰어 노는 모습을 꿈꾸어왔습니다.

이 책의 수익금은 이 꿈을 실현하는데 쓰일 것입니다.

청소년도서관 건립 운영을 위해

많은 관심과 후원을 부탁드립니다.

**후원계좌 : 우체국 101725-01-001214 원불교전곡교당**